KB038453

더 나은 정치를 꿈꾼 설계자들

더 늦기 전에,
정치 다시 읽기

더 나은 정치를 꿈꾼 설계자들
더 늦기 전에, 정치 다시 읽기

초판 1쇄 발행일   2022년 7월 11일

글	안치용
펴낸이	김완중
펴낸곳	내일을여는책
편집총괄	김세라
디자인	디자인스튜디오 앤썸
관리	장수댁
인쇄	아주프린텍
제책	바다제책
출판등록	1993년 1월 6일(등록번호 제475-9301)
주소	전라북도 장수군 장수읍 송학로 93-9(19호)
전화	063) 353-2289
팩스	063) 353-2290
전자우편	wan-doll@hanmail.net
블로그	blog.naver.com/dddoll

ⓒ 안치용 2022
ISBN 978-89-7746-984-6(03340)

더 나은 정치를 꿈꾼 설계자들

더 늦기 전에, 정치 다시 읽기

글 안치용

내일을여는책

어떤 정치, 어떤 국가를 염원하는가

'공상적 사회주의'를 대표하는 사상가이자 생시몽주의 주창자인 생시몽(1760~1825)은 백작이었지만 "백작이라는 직위가 시민이라는 직위보다 못하기 때문"이라며 스스로 작위를 내던졌다. 그의 말은 새로운 국가의 도래를 염두에 두었거나 염원하였음을 의미한다. 실제로 18~19세기를 거치면서 국가의 새로운 글로벌 스탠더드인 '국민국가'가 서구를 중심으로 실체를 드러내어, 20세기가 되면 세계를 빼곡하게 채우게 된다.

생시몽이 시민으로서 함께하기로 한 희망의 공동체가 국민국가였는지는 모호하다. 아마 아닐 것이다. '공상적 사회주의(utopian socialism)'에 든 '공상적'이란 말이 유토피아와 연관되었다는 점이 흥미롭다. 말 그대로 유토피아는 이상향이지만, 어디에도 존재하지 않는 곳이다. 생시몽을 비롯하여, 비록 그와 반대 입장에 섰지만 근본 지향은 같은 마르크스, 국가와 개인의 관계에 의미 있는 성찰을 남긴 헤겔 등 유토피아를 꿈꾼 사람들에게 근대에 등장한 국민국가는 재앙으로 받아들여질 법하다. 조지 오웰의 '오세아니아' 정도는 아니지만, 유토피아에서는 한참 멀고 대체로 디스토피아에 가까운 어떤 곳.

대체로 디스토피아로 변하는 듯한 이곳에서 '헤테로토피아'니 '반反공간'이니 하며 무익한 회피성 사념에 빠져들거나, 무망한 유토피아를 여전히 주창하거나, 디스토피아의 징후를 피해 숨어버리는 행동 모두 '시민(혹은 국민이라고 해도 좋다)'의 삶의 방식은 아니다. 시민이 시민의 삶을 살기를 포기한다면 디스토피아는 더 확고해질 것이고, 그렇다면 그곳에서 더는 시민의 존재가 없을 것이다. 시민이 사라진 국민국가는 국가가 아니라 모종의 지배체제에 불과하다.

근대의 공동체 기획은 왜 지배체제로 좌초하고 있을

까. 이런 고민에서 《더 늦기 전에, 정치 다시 읽기》를 통해 민주주의와 공동체를 근간으로 더 나은 국가를 먼저 고민한 선각의 생각을 살펴보았다. 그들이 내린 결론은 단순명료하다.

"민주주의가 가장 바람직한 국가체제이며, 들으면 아주 평범한 얘기지만 너무 자주 망각되기에 끊임없이 상기해야 하는 공준은 민주주의의 주인은 민民이라는 것이고, 그러려면 반드시 정치가 제대로 작동해야 한다."

그 정치의 주체가 백작이 아니라 시민임을 굳이 다시 확인할 필요는 없겠다. 민주주의 부재와 정치 실종의 현재 한국 사회의 현실을 실천적으로 반성하는 데 그들의 생각이 큰 도움이 되리라 기대한다. '여는 글'과 '맺는 글'에서는 이러한 맥락에서 이곳 대한민국의 현실정치를 비판적으로 일별하였고, 본론에 해당하는 1~3부에서는 그들이 남긴 사유와 제안을 곱씹어보았다.

바로 이곳 국민국가 말고는 우리가 무엇인가를 해낼 만한 공간이 없음은 자명하고 무엇인가를 해내야 한다는 요청은 정언명법이다. 뭔가 불편하다면 '당분간'이란 단서를 붙여두고, '무엇'은 가능한 한 많은 범위의 인간이 인간으로 살아갈 수 있는 총체적 체계쯤으로 얼버무려두자. 이 책에는 그 해답이 없다. 난마처럼 꼬인 현실에서 길이 안 보이면 일종의 거리두기로 원론을 되짚어 보는 게 어떨까 하는 소박한 피정에 불과하다.

2022년 7월 안치용

한국의 현대사, 한국의 정치 그리고 표류한 우리의 민주주의

물론 공간이 의식을 지배하지만 정치 또한 공간을 지배한다

"공간이 의식을 지배한다"라는 말은 대한민국 제20대 대통령 윤석열이 대통령 집무실을 용산으로 이전하겠다며 내세운 명분이다. 제왕적 대통령에서 벗어나기 위해 청와대에 들어가지 않겠다는 것이 명분 중의 하나다. 제왕적 권력의 상징인 청와대를 떠나고 그 공간을 국민에게 돌려줌으로써 윤석열은 한국 정치사에서 분명한 분절을 만든 주인공이 됐다.

대통령 집무실을 청와대에서 다른 곳으로 옮기겠다는데 그동안 원론적으로 이견이 없었다. 직전 대통령인 문재

10

인을 포함하여 전임 대통령들이 그러한 의지를 표명했지만, 이런저런 이유에서 의지를 관철하지 못한 채 청와대에서 임기를 마치곤 했다. 나오고 싶었지만 끝내 못 나왔다. 따라서 "공간이 의식을 지배한다"라는 윤석열의 의견에 공감대가 형성된 건 맞다.

미국 백악관과 비교하여 종종 '고립된 제왕형 집무실'이란 비판을 받은 청와대엔 구중궁궐 이미지와 함께 일제 식민통치의 잔재라는 꼬리표가 따라다닌다. 일제강점기인 1939년 8월 조선총독부가 지금 청와대 자리에 총독 관저를 세우며 청와대라는 권력자 혹은 통치자의 공간이 역사의 무대에 들어왔다. 3명의 일본인 총독이 그곳을 사용했다. 일제는 경복궁을 훼손해 조선총독부를 짓고, 경복궁의 주산인 북악산을 훼손해 총독 관저를 지었다. 공간이 의식을 지배한다는 생각을 실천한 셈이다. 일제가 풍수를 고려하며 이런 일을 했다는 게 지금 대체로 정설로 받아들여진다.

해방 이후에는 청와대가 주한 미군 사령관 관사로 사용됐다. 대한민국 초대 대통령 이승만은 미군정으로부터 관사를 넘겨받아 그대로 대통령 관저로 사용했다. 이승만의 대통령 집무실은 경무대景武臺로 불렸다. 새로운 작명이 아니라 조선 시대에 이 지역을 부른 명칭이었다. 조선 시대엔 경복궁 뒤 소나무 숲이던 경무대에서 과거 시험이나 궁술대회가 열렸다.

이씨 왕조의 후손으로 제왕적 대통령을 꿈꾼 이승만이 두 개 외세의 지배자 거주지를 아무 생각 없이 대통령 집무실로 받아들인 것은 역사의식의 부재이자 군림하는 지배자로서 대통령상을 체화한 방증인 셈이다.

경무대란 명칭은 제2대 대통령 윤보선에 의해 지금의 청와대로 바뀐다. 윤보선은 취임 넉 달 후인 1960년 12월 30일 "1인 독재 시절을 연상시킨다"라는 이유로 경무대의 이름을 청와대로 바꾸겠다고 특별 담화를 발표했다. 청와대靑瓦臺라는 이름은 건물의 푸른 기와에서 따온 것으로 "평범하고 평화적인 명칭"이라고 했다.

그러나 윤보선의 기대와 달리 청와대는 독재자와 제왕적 통치의 근거지로 자리매김한다. 쿠데타로 집권한 박정희가 1963년 12월 청와대 관저에 입주해 1979년 10·26사태로 운구차를 타고 떠날 때까지 독재자로 15년 11개월을 살았으니 '청와대'라는 명칭이 무색하다.

김영삼, 김대중, 노무현, 이명박, 문재인 등 역대 대통령은 어떤 식으로든 독재와 일제의 잔재인 청와대에서 탈출을 모색했으나 이루지 못했다. 이 중 노무현이 가장 적극적인 인물로, 행정수도 이전과 함께 청와대를 세종시로 이전하려고 했지만 헌법재판소의 위헌 결정으로 뜻을 이루지 못했다.

윤석열은 역대 대통령 누구도 해내지 못한 대통령 집무실 이전을 속전속결로 밀어붙였다. 한 번 들어가면 못 나온다는 과거의 경험을 반영한 현실론과, 시대 단절의 상징을 확실하게 만들겠다는 정치적 결기의 반영이다. 흥미로운 대목은 노무현에 대한 오마주를 표현한 적이 있는 윤석열이 집무실 이전에 노무현만큼이나 적극적이라는 사실이다.

"공간이 의식을 지배한다"라는 명분을 내세운 대통령 집무실 용산 이전은 의식으로 공간을 지배하겠다는 선언이다. 간단히 말해 공간의 정치다. 공간이 정치를 지배하지만, 정치가 공간을 지배한다고도 말할 수 있다.

용산 시대는 탈제왕적 시대가 될까

윤석열이 슬그머니 청와대에 주저앉는 선택을 할 수 있었을 텐데 그렇게 하지 않은 건 무엇보다 그의 기질 때문일 것이다. 어떤 분석가들은 그가 특수부 검사 출신인 데다 정치 초보여서 막무가내로 밀어붙였다고 얘기하는데, 너무 초보적 분석에 가깝다. 아무런 당내 기반 없이 짧은 기간 안에 국민의힘 대통령 후보가 되고 대통령에 당선된 집약적 과정 자체가 고도의 정치적 연단이다. 애초에 정무 감각이 없었다면 그러한 과정을 통과하지 못했다. 윤석열이 특수부 검사를 지낸 건 사실이나 발 빠르게 정치인으로 변신했고, 정치 초보이긴 하지만 초보 정치를 이미 벗어났다.

더불어민주당이 안보 공백을 이유로 용산 이전을 반대한 건 그렇다 치고 보수 일각에서 반대한 것은 왜일까.

윤석열 대통령 당선인에게서 '청와대를 국민에게 돌려주 겠다'라는 말을 반복적으로 듣는 게 불편하다. [1]

---

1) '누가 청와대를 돌려달라고 했나', 동아일보, 2022. 3. 23.

동아일보 외에 조갑제닷컴의 조갑제 대표 등 보수 언론인 중 일부는 당선인 시절 윤석열의 집무실 이전을 마뜩잖아했다. 당시 국민의힘을 포함하여 보수세력의 일부는 여전히 윤석열을 신뢰하지 못했다. 윤석열이 보수 내에, 말하자면, 족보가 없는 인물인 데다 그들만의 엄격한 '사상 검증'을 거치지 않았고 보수세력과 보수정치권에 빚진 게 없어서 그의 행보에 불안을 느낀다. 그들이 보기에 타당하지 않은 인물들이 윤석열 주변에 포진한 것도 불만스럽다. 내부에 대안이 없어서 데려온 인물인데, 마름이 아니라 주인 노릇을 할까 봐 좌불안석이다.

당선인 특별고문 신분의 임태희가 집무실 이전을 "새로운 정치를 위한 핵심 공약"이라고 한 것에 유념하면 보수세력 내 일각이 불편해한 이유를 짐작할 수 있다. 간단히 말해, 대한민국 대통령의 용산 집무실 시대가 기득권 청산의 신호탄이 될 수 있다는 걱정이다. 정확하게는 기득권 세력의 완전한 청산이 아니라 기존 기득권 세력을 새로운 기득권 세력으로 대체하는 혹은 재편하는 작업이겠지만, 청산당하는 입장에선 이나 저나 같은 결과다.

만일 그들의 걱정이 기우로 끝나지 않고 실제로 청산

이 이뤄진다면 청산은 보수와 진보를 가리지 않고 진행될 공산이 크다. 윤석열로 인해 적대적 공생 및 기득권 카르텔인 양당 체제에 균열이 오리라고 예상 혹은 기대하는 이들이 더러 있는데, 실제로 윤석열이 그 일을 해낼지와 무관하게 그의 계획표에는 그것이 들어있을 것으로 추측한다. 보수세력은 윤석열을 길들이고 진보세력은 힘을 보여줘, 빚진 게 없는 '정치 초보' 윤석열의 '난동'을 막아야 하는 상황이다. 반면, 윤석열의 입장에서는 아무튼 '난동'을 일으켜야 한다. 역사적으로 어떤 평가를 받게 될지 두고 봐야 하겠으나, 노무현처럼 그가 모종의 돌파를 꿈꾼 것은 분명하다. 윤석열을 자꾸 노무현과 비교하는 것에 불편을 느끼는 사람이 이쪽저쪽에 적잖을 듯하지만, '정치 초보' 윤석열의 흉중에 기성 정치에 대한 불신과 '난동'의 열망이 강력하게 자리한 것은 분명하다. 실제로 '난동'을 일으키게 될지, 만일 일으키게 된다면 그것이 한국 정치에 어떤 족적을 남기게 될지 기대와 우려가 교차하지만 말이다.

그렇다면 이런 궁금증이 들 법하다. 청와대에 들어가서는 그 일을 못 하나? 새로운 정치를 위해 새로운 공간을 활용한 사례는 가까이는 노무현을 비롯해 동서고금을 막론하고 많다. 차별화로 공간만큼 좋은 게 없다. '불통' (오히려) 제왕적 '안보 위기' 등 십자포화에도 윤석열이 이전을 결행한 데는 '봐라, 문재인이 못한 걸 나는 했다'라는 과시욕과 새 정치의 상징성 표명 같은 게 포함되겠지만, 그러나 무엇보다 '공간의 정치'를 시작했다는 뜻으로 보는 게 맞다. 필자 개인적으로는 일단 청와대에 들어가서 시간을 두고 공청회 등을 거치며 차분하게 집무실 이전을 진행했으면 좋겠다는 의견에 동의하지만, 윤석열의 정치 문법은 다르다.

'공간의 정치'는 공간에서 끝나는 게 아니라 공간에서 시작한다. 윤석열이 기도企圖하는 모종의 새로운 정치가 '공간의 정치'를 통해 이미 작동에 들어갔기에 나 같이 생각하는 다수의 사람과 다른 길을 가는 수밖에 없는 듯하다. 정확히 말해 '공간의 정치'는 새로운 공간에서 시작한다기보다 새로운 공간을 선언하는 것에서 시작한다.

윤석열의 1호 공약은 전광석화로 실행돼 장차의 평가만이 남겨졌다. 문재인처럼 기존 정치 문법에 익숙하고 혹은 '합리적인' 정치인이라면 못하지만, 전혀 새로운 유형의 윤석열 같은 정치인이 이전移轉을 실행할 수 있는 배경은 현존 민주주의 정치체제에 길들여지지 않았고 이 체제에 걸맞지도 않은, 그래서 이런 일에도 과감하게 전광석화를 택할 수 있는, 말하자면 '능력'인 셈이다.

윤석열이 어디에서 집무하든 성공하는 대통령이 되기를 바라는 마음은 대한민국 국민이라면 같다. 기왕에 집무실을 이전했으니 '공간의 정치'가 용두사미로 끝나지 않고 기득권을 타파하는 새 정치가 되기를 기대한다. 양당의 적대적 공생 관계에 실금이라도 가야 새로운 정치, 새로운 정치세력, 나아가 새로운 진보 정치의 가능성을 엿볼 수 있다. 윤석열이란 정치 초보와 소위 보수세력을 대변하는 대통령에게서 진보 정치의 가능성을 찾아야 하는 현재의 정치 상황은 암울하다. 크게 기대하지 않지만, 기성 정치에 물들지 않았으니까 얼떨결에 새 정치를 정말로 해낼 가능성이 있지 않을까, 하는 그런 기대.

윤석열은 '공간의 정치'를 전격적으로 시작했고 지금은 윤석열의 공간이 확 열려 있는 그의 정치의 시간이다. 24만 7,077표(0.73%) 차이로 대한민국은 그를 대통령으로 뽑았다. 이제 바라기는, 공간이 의식을 지배한다는 그의 말에 동의하지만, 의식 또한 공간을 지배한다는 사실을 윤석열이 기억하는 것이다. 대통령에게 가장 필요한 의식은 아마 역사의식이리라. 2022년 6월 1일 제8회 전국동시지방선거에서 윤석열의 국민의힘은 더불어민주당에 완승했다. 그가 '공간의 정치'를 밀고 나갈 에너지를 충전한 셈이다.

윤석열은 "출근하는 대통령을 국민이 매일 목격하고 출근길 국민의 궁금증에 수시로 답하는 최초의 대통령"(대통령실)으로, 출근길에 기자들로부터 국정 현안에 관한 질문을 받고 있다. 이 '도어스테핑door stepping'이나 5·18광주민주화운동 기념식 참석 등이 탈脫청와대와 함께 '공간의 정치'의 구체적 모습인 셈이다. 특히 2022년 5·18 기념식에는 윤석열 외에 국민의힘 의원 대부분이 참석해 같이 '임을 위한 행진곡'을 불렀다.

대통령 윤석열은 다른 공간으로 기억되기 시작했다. 그가 어떤 정치적 업적을 이루든 혹은 좌절하든, 대통령 집무실을 청와대에서 빼낸 인물이란 사실은 역사에 남게 된다. 집무실 이전의 평가는 후대로 미루고, 그것 말고 그가 많은 일을 해낸 대통령이 되기를 기대하는 것은 국민의 한 사람인 내가 당연히 바라는 바다. 역사를 의식하는 새로운 공간의 정치가 된다면 그를 위해서나 대한민국을 위해서나 행복한 일이겠다.

분단국가의 수반 이승만

일제 식민통치의 종식과 미군정을 거쳐 외부에서 패키지로 주어져 고유한 발전경로를 걸은 민주공화국 대한민국은 여러 측면에서 규정되고 분석될 수 있지만, 정치에서는 주로 안타까운 장면으로 점철된다. 4·19혁명이나 1987년 민주화운동은 자랑스러운 역사의 장면이지만, 그것들은 안티테제의 성격이 강하다. 끊임없이 정정하고 보완하는 과정이 필요했던, 국민은 자랑스러웠지만 국가는 그렇지 못한 우리의 역사. 국민은 자랑스럽게 역사를 돌파했지만 국가는 많은 순간 수치羞恥를 산출했다. 물론 우리 국가만 그러했던 것은 아니다.

우리 국민 중 일각에서 가장 흠모하는 미국을 비롯하여 중국, 일본, 독일 등 많은 근대국가에서 국가의 수치 흔적은 완연하다. 그렇지만 그러한 사실이 우리에게 전적인 위로가 되지는 않는다. 왜냐하면 나는, 나의 국가의 국민이며, 내 국가의 수치로부터 내 삶 전반이 영향을 받기 때문이다. 국가가 배태한 수치의 구조는 '국가와 나'의 바람직한 관계를 형성하는 데 치명적 걸림돌이 됐음은 물론이다. 대체로 그것은 정치의 배신이란 형식으로 나타났다. 우리의 근대국가 대한민국은 외양상 정상국가로 출범했지만 정상정치는 부재했다. 시작부터 꼬였다.

이승만이 정권을 잡는 과정을 살펴보면 미국이 이승만의 수호성인이란 표현이 과장이 아님을 쉽사리 알게 된다. 한국에 진주한 미군은 점령지 정책을 펼치는 데 도움을 받을 우호적인 한국인 집단을 곧바로 발견한다. 남한의 미군정 책임자인 하지 준장의 국무부 정치고문 메럴 베닝호프가 1945년 9월 15일 워싱턴에 보낸 보고서에서 "서울의 정치적 상황에서 고무적인 단 하나의 요소는 나이가 많고 교육을 잘 받은 한국인 가운데 수백 명의 보수주의자가 존재한다는 사실입니다. 그들 중 다수가 일본에 봉사한 사람이긴 하지만 그런 낙인은 결국에는 사라지게 될 것입니다"[2] 라고 언급한 이들이 바로 한민당계 인사들이다. 결과론으로 문제는 이들의 낙인이 사라진 게 아니라 낙인 자체가 없었던 것으로 판명 나며, 이러한 역사적 사실은 대한민국의 낙인으로 전환하였다.

한민당의 주된 문제는 민족문제가 두드러지게 되는 해

---

2) 브루스 커밍스, 《한국현대사》, 창비, 2001, 272쪽.

방공간에서 그들이 민족주의자로서 내세울 것이 없었다는 점이다. 그들은 미국에 있는 이승만과 중국의 김구가 귀국하여 남한 보수주의자들을 이끌어야 한다고 하지를 설득하는 데 성공했다. 보수주의자들의 생각은 워싱턴의 정보계통 사람들의 생각과 일치했다. 이미 이승만은 워싱턴의 전시 정보기관 사람들과 친분이 있었고 "다른 한국 지도자들보다 더 '미국적인 관점'을 지니고 있다"라는 평가를 받고 있던 터라 극적인 귀국이 쉽사리 가능했다. 1945년 10월 16일 이승만이 맥아더의 전용 비행기를 타고 한국에 왔다는 사실과 나흘 뒤 하지의 소개로 대중에게 강력한 반공 연설을 할 수 있었다는 사실은 이승만의 '기획사'인 미국의 역할을 단적으로 보여주는 소묘다. 공교롭게 비슷한 시기인 10월 14일 북한의 김일성은 소련 관리들이 뒤에 서 있는 가운데 항일영웅으로 소개된다.[3]

해방공간에서 시행된 미국의 정책에 대해 한국인은 모든 사실史實에도 불구하고 무조건적 선의로 받아들이거나, 뒤늦게 나타난 흐름으로 악의로 해석해 적대하는 상반된 두 가지 태도를 보인다. 두 가지 태도 모두 미국을 과대평

---

3) 같은 책, 274~275쪽.

가한 데서 기인한다. 미국 입장에서는 사후적으로 더 낫고 더 못한 평가만 있을 뿐, 그렇게 한 것이 당연했다. 미국의 한반도 진주는 (지금도 그렇게 믿고 싶은 사람이 온존하지만) 천사나 해방자가 되기 위한 것이 아니라, 철저하게 미국의 이익을 지키기 위해 일본 영토의 일부를 점령한 것 이상도 이하도 아니었다. 애초에 한반도를 점령할 때 한국인의 입장은 배제되었고 소련과의 땅따먹기 게임의 일부에 불과하였다.

1945년 8·15해방 며칠 전에 국무·전쟁·해군 3부 조정위원회(SWNCC)의 존 맥클로이는 딘 러스크와 찰스 본스틸이라는 두 젊은 대령에게, 옆방에 가서 소련의 남하를 막기 위해 한국을 분할할 지점을 찾으라고 지시했다. 이미 일본 본토에 원자폭탄이 투하되었고 소련의 '붉은군대'가 참전하여 만주로 쏟아져 들어오고 있었으며, 미국의 정책입안자들이 전선의 전 지역에 걸쳐 일본의 항복을 끌어내기 위해 묘책을 짜내던 8월 10일과 11일 사이의 자정 무렵이었다. 주어진 30분 안에 두 대령은 "수도를 미국 영역 안에 둘 수 있기 때문에" 38선을 선택하였다.[4]

---

4) 같은 책, 263쪽.

분할 점령 후 미·소의 냉전이 본격화하면서 미국의 유일한 관심은 남한지역에 반소 친미 정권을 수립하는 것일 수밖에 없었다. 한국전쟁 시기 한반도 북쪽 지역에 원자폭탄을 대규모로 투하하면 아예 이 지역을 원천적인 불모 지역으로 만들 수 있어 자연스럽게 소련과 중국을 막는 방벽으로 쓸 수 있다고 한 맥아더의 구상과 크게 다르지 않다.[5] 혈맹 또는 우방이란 얘기를 하지만 미국의 대한 정책의 핵심은 미국의 이익일 수밖에 없었고(한국의 대미 정책의 핵심 또한 한국의 이익이다), 그런 관점에서 38선을 긋고 독재정권을 후원·지지하고 필요하면 한국민을 학살하는 것을 모른 척할 수 있었다. 미국이 한국의 민주주의를 옹호하고 지지할 때는 역시 그게 미국의 이익에 부합할 때겠다.

사실 국익 우선의 그런 태도는 미국뿐 아니라 세계 모든 국가에서 공통적이란 점에서 우리가 미국에 배신감을 느낄 이유는 없다. 하지만 특정한 국익 추구가 다른 국익, 즉 어떤 지역에 공동체를 형성하며 사는 사람들의 이익을 심각하게 훼손했을 때의 책임까지 면해주는 건 아니다. 남한의 분단과 독재에 분명 미국은 책임이 있다. 국익은 국

---

5) 이상호, 《맥아더와 한국전쟁》, 푸른역사, 2012, 306쪽.

익이고 책임은 책임이다. 문제는, 미국이 국익은 철저히 챙기지만 책임은 전혀 지지 않는, 비교적 질 낮은 국가에 속한다는 것이겠다.

남북분단은 한반도 전체를 영토로 하지만 남한만을 관할하는 국가인 대한민국을 탄생시켰고, 식민지 잔재를 청산하지 못한 반공 친미 국가의 출범은 국가와 정치를 근본적으로 비틀어놓았다. 친일, 친미, 반공은 여전히 국가의 족쇄이자 국민의 족쇄이며 정치의 족쇄다.

박정희와 전두환의 군사쿠데타와 미국

처음 5·16쿠데타가 일어났을 때 헌정 중단 사태에도 불구하고 쿠데타 세력에게 어느 정도 개혁의 기대를 거는 국민적 분위기가 존재했다. 쿠데타 세력의 인적 구성은 야당과는 크게 달랐다. 5·16 주도세력의 71%는 농촌 출신의 중하층이었다. 야당 인사의 41%가 지주 계급인 반면 군정 인사 중에는 그 비율이 26%였던 상황을 감안하면, 마치 진보 여당과 보수 야당의 대립 구도처럼 보였다. 나중에 반대로 돌아서기는 했지만 장준하 등 일부 혁신계 인사들은 박정희의 진보적 이미지에 나름의 희망을 걸었다.[6]

쿠데타 세력이 가장 걱정한 것은 미국의 승인 여부였다. 5·16쿠데타는 대한민국으로 보면 헌정질서를 무너뜨린 것이지만 군작전권을 보유한 미국 입장에선 자국에 대한 도전으로 받아들여질 수 있었다. 주한 미군 사령관 매그루더와 주한 미 대사 그린은 쿠데타 당일 오전 11시 "장면 국무총리가 영도하는 정당히 승인된 대한민국 정부를 지지할 것"이라며 "한국군 수뇌들은 그들의 권한과 영향력을 행사하여 통치권을 정부 당국에 반환하고 군내 질서를 회복하라"라는 내용의 성명을 발표했다. 그러나 이것은 미국 정부의 최종 입장이 아니었다.

쿠데타가 일어나자 미 CIA는 신속하게 박종규 소령 등 쿠데타 핵심세력과 접촉하는 한편, 케네디 대통령에게 쿠데타의 핵심인물을 포함한 한국 상황에 관한 종합적 보고서를 제출했다. 미국은 오래전부터 한국 군부의 동향을 정

---

6) 조희연, 《박정희와 개발독재시대-5·16에서 10·26까지》, 역사비평사, 2007, 51쪽.

확히 알고 있었고, 박정희의 쿠데타 계획 전모를 파악하고 있었다. 기실 미국은 50년대 초반과 후반, 두 번에 걸쳐 이승만을 제거하기 위한 군사쿠데타를 계획한 적이 있었다. '수호천사'에서 미국의 입장이 돌변한 이유는 두말할 필요 없이 미국의 이익 수호였다.

또 장면 정부 출범 이후에 '허약한 장면 정부를 어떻게 사회경제적 개혁을 단호하게 진행할 수 있는 정부로 바꿀 수 있느냐'를 두고 고민하고 있던 참에 마침 쿠데타가 발생한 것이었다. 미국은 5·16쿠데타가 미국의 이익에 위배되지 않는다는 판단을 내렸고, 따라서 주한 미군 사령부, 주한 미 대사, 주한 CIA 등에 쿠데타에 대한 단호한 저지를 지시하지 않았다. 5·16이 성공하는 결정적 요인이 되었음은 물론이다.[7] 여전히 한반도 남쪽의 국가에 미국의 영향력은 절대적이었다.

전두환이 박정희 사후 권력을 장악할 때도 미국의 의중이 중요했다. 전두환은 자신의 쿠데타가 미국의 승인을 받지 못할까 봐 안달복달했지만, 미국은 박정희의 뒤를 이은 새로운 독재자를 한국의 지도자로 점지할 마음의 준비

---

7) 임영태, 《대한민국사 1945~2000》, 들녘, 2008, 296쪽.

를 하고 있었다. "한국민은 들쥐와 같은 민족이어서 누가 지도자가 되든 복종할 것이며, 한국민에게는 민주주의가 적합지 않다"라는 주한 미 사령관 위컴의 발언은 사실 미국의 생각과, 나아가 기대를 반영한 것이었다.

비록 1980년 2월 위컴-전두환 회담에서 문제 삼는 척하기는 했지만, 미국은 1979년 12·12반란에 대해, 명백한 쿠데타인데도 신군부와 충돌을 우려하여 쿠데타로 규정하지 않고 한국군 내부 문제로 축소하였다. 광주민주화운동에 대해서도 대화와 자제를 통해 사태를 평화적으로 해결하라는 공식적 입장과는 별도로, 광주항쟁을 진압하려는 신군부의 작전을 지원하였다. 먼저 미국은 신군부의 요청을 받아들여 한미연합사 작전통제권 아래 있는 20사단의 광주 투입을 승인하였다. 또 신군부가 광주 진압 작전을 수행하는 데 지장이 없도록 1980년 5월 22일 미국 국가안전보장회의는 오키나와로부터 조기경보기 2대와 필리핀 수빅만에 정박 중인 항공모함 '코럴시'호를 한국 근해로 출동시켰다. 신군부의 광주 진압 작전이 외부(북한)로부터 위협받지 않도록 하기 위해서였다.[8]

---

8) 정해구, 《전두환과 80년대 민주화운동》, 역사비평사, 2011, 72~75쪽.

전두환의 권력 장악이 분명해지자 미국의 입장이 더 확고해진다. 미국 레이건 행정부는 전두환이 제12대 대통령에 선출되기 직전인 1981년 2월 말 그를 워싱턴으로 불러, 전두환에 대한 미국의 지지를 한국을 포함한 전 세계에 확인시켜 주었다. 1982년 4월에는 미국 부통령 부시가, 1983년 11월에는 미국 대통령 레이건이 연이어 한국을 방문함으로써 미국의 전두환 지지를 한국민에게 각인시켰다.[9] 당시 미국 레이건 행정부는 대외정책에 관해 '커크패트릭 독트린Kirkpatrick Doctrine'을 견지했는데, 미국의 이익에 부합하고 친미 반공 정권이면 비록 독재정권일지라도 계속 지원하겠다는 생각이었다.

박정희에 이어 전두환을 통해 미국이 한반도 남쪽을 간접적으로 '지배'하면서 대한민국 국가와 정치는 친미를 넘어 숭미라고 해야 할 '미국 이데올로기'와 군사독재정권 통치와 그 문화에 종속된다. 청산되지 못한 일제 잔재에 이어 군사독재의 폭압적 통치가 정치를 정지시킨 가운데 미국은 한국과 한국인의 삶과 의식에 여전히 상수로 작용한다.

---

9) 같은 책, 97쪽.

'펜타곤의 댄서'와 검찰

이승만 정권과 비교해서 박정희 정권이 달라진 게 있다면 폭압적 통치기구의 정비였다. 군에서 정보계통에 근무한 김종필은 5·16쿠데타에 성공하자 곧바로 중앙정보부(중정) 설립에 착수하였다. 이후 중정은 박정희의 정권수호대로 크게 활약한다.

박정희 정권에서 권력의 쌍두마차는 중정과 대통령경호실이었는데, 외국 언론에서는 중정, 경호실, 보안사, 치안본부, 수경사(또는 비서실)의 다섯 정보기관을 영리하게 활용한 박정희에게 '펜타곤의 댄서'라는 이름을 붙였다. 펜타곤이란 5각형으로 통상 미 국방부를 말한다. 여기서는 이 다섯 정보기관을 뜻하며, 박정희가 '분리와 지배'라는 정치 술수의 기본 책략에 따라 이들을 적절히 활용하고 제어하였음을 의미한다.[10]

중정은 국가안전기획부를 거쳐 국가정보원으로 바뀌며 폭압적 통치기구의 정점에서 밀려났고, 군사정권의 몰락에 따라 군의 정보기관들 역시 세력을 잃었다. 민주화와

---

10) 윤재걸, 《청와대 밀명: 윤재걸 르포집》, 한겨레, 1987, 47~48쪽.

함께 국가 폭력기구의 재편과정에서 국정원(중정)이 심하게 견제받으며 힘을 잃고 군 소속 기관들 역시 쇠퇴하면서 검찰이 사실상 유일무이한 폭력기구로 부상한다. 검사 출신 대통령의 등장 과정이나 공수처 설립 및 검찰개혁 움직임이 검찰의 비대한 힘을 반증하는 셈이다.

이제 검찰이 공권력을 대표한다. 현재 검찰은 민주적 통제를 받지 않은 채 조직의 이익에 복무하는 괴물로 진화한 상태여서 이 괴물에게 민주주의의 올가미를 씌우는 일이 시급한 현안이 됐다. 다만 이 일의 본질이, 민주적인 통제를 받으며 국민을 위해 봉사하는, 단어 그대로 의미의 공권력을 바로 세우는 것이어야 한다는 원론은 매우 중요하다. 검찰 개혁에 이견은 없으나 동시에 구체적 방법론과 속도, 국가 전반의 제도 설계와 조화 등이 고려되며 추진되어야 한다. '검수완박(검찰 수사권 완전 박탈)'이란 이름으로 우여곡절 끝에 이미 시작된 개혁을 잘 마무리하는 숙의가 절실해 보인다.

이 밖에 금권과두제로 발전한 정경유착, 양당제와 맞물린 고질적인 지역감정, 이익집단화하며 폐쇄적이고 비대해진 정당, 세대 및 성性 갈등, 신자유주의와 세계화 등이 국가와 정치를 좌우하는 주요 요인들이다. 전통적으로 정치 영역이 아닌 것으로 간주된 기후위기 또한 이제는 핵심적 정치 현안이 됐다. 한국 정치와 민주주의를 좌지우지한 미국이란 변수는 과거만큼 큰 영향력을 행사하지 못하게 됐으며, 국제정치와 국제경제 등 더 포괄적이고 간접적인 방식의 영향력으로 변화하는 중이다. 오히려 미국 혹은 글로벌 자본과 긴밀하게 연결된 금권이 한국 정치와 사회에 가장 강력하게 힘을 행사하고 있다.

너무 많은 요인이 중첩되고 상호 간섭하여 난마亂麻처럼 정상정치를 가로막고 있다. 대한민국은 어느 사이 선진국 반열에 올랐으며 누구도 정상국가임을 묻지 않는 정상적인 국가 체계를 작동시키고 있다. 그러나 정상정치 또한 작동하고 있느냐고 묻는다면 선뜻 긍정적인 답을 내어놓기 힘들다.

고 이건희 삼성전자 회장이 한창 활동할 때인 1995년 중국 베이징을 방문하며 연 한국 특파원 간담회에서 "우리 정치인은 사류, 관료행정은 삼류, 기업은 이류 수준"이라고 한 말을 떠올리게 된다. 당시 기준으론 그다지 틀린 말이 아니라고 보지만, 그 사이 한국이 발전하며 많은 것이 발전했기에 이제 이 회장의 발언이 유효하지는 않을 것이다. 그렇지만 여전히 새겨들을 대목이 있는 것 또한 사실이다. 정치인 자체가 사류라고 생각되지는 않지만, 한국 정치는 상대평가가 아니라 절대평가에서 '사류'라고 해도 틀리지 않는다고 본다. 그렇다면 정치인 또한 발버둥쳐도 사류의 운명을 피하지 못한다.

돌파할 길이 안 보이는 건 아니다. 우리 국가를 가치 있는 공동체로 복원하고 민주주의를 작동하게 하기 위한 해법은 이미 나올 만큼 나와 있으며, 필자 역시 기고와 출판을 통해 여러 의견을 제시한 바 있다. 그러나 길고 험한 그 길을 뚫고 뚜벅뚜벅 함께 걸어갈 사람들과, 이들이 그 여정에서 이탈하지 않게 할 동인, 그 과업을 집요하게 방해할 세력을 물리칠 힘이 확실하지 않다. 중·대선거구제 도입, 의원 선수 제한 등 구체적인 이야기는 이 자리에서 더 하고 싶지 않다. 시장의 실패나 정부의 실패와 달리 정치의 실패는 정치로 풀 수밖에 없다는 본원적 제약은 잠깐 눈을 다른 데로 돌리라고 권유하는 듯하다. 현실정치에서 한 걸음 물러나, 민주주의와 바람직한 국가를 상상하고 제안하며 설계한 선각의 생각을 그들의 책을 통해 되짚어보는 것이 필요하다는 이야기가 더 적당해 보인다.

1부

근대국가의
민주주의와 자본주의

1장

민주주의에 대한 증오를 증오하기
자크 랑시에르 《민주주의는 왜 증오의 대상인가》

파리 제8대학 명예교수인 자크 랑시에르(Jacques Ranciere, 1940~)는 21세기 초반의 프랑스 사상가 중에서는 아마도 국내에서 가장 지명도가 높은 인물일 것이다. 2장에서 다룰 《상상의 공동체》와 마찬가지로 랑시에르의 《민주주의는 왜 증오의 대상인가》(2005)는 제목 자체로 주제의식을 분명하게 드러낸다. 랑시에르가 이 책에서 하려는 이야기가 민주주의에 대한 증오라기보다는 "민주주의를 증오의 대상으로 만드는 이들을 증오한다" 또는 "민주주의는 증오의 대상이 아니다"이기에 제목은 반어에 가깝다.

랑시에르의 개인사에서 그의 사상의 토양을 엿볼 수 있는, 단박에 드러나는 삶의 옹이는 파리 제8대학과 알제리이지 싶다. 랑시에르는 1940년 알제리 출생으로 프랑스 고등사범학교를 졸업했고, 1969~2000년 파리 제8대학에서 철학 교수를 지냈으며 현재 이 대학 명예교수다. 파리 제8대학은 '뱅센-생드니 대학Université Paris-VIII/Université de Vincennes à Saint-Denis'으로도 불리는데, 1968년 68혁명의 여파로 1969년에 '뱅센 실험대학'으로 설립되어 지금에 이른다. 파리 제8대학은 설립되자마자 '프랑스 5월 혁명', 즉 68혁명을 상징하는 공간이 되었다. 미셸 푸코, 질 들뢰즈 등이 설립에 관여한 사실에서 드러나듯 프랑스 대학 가운데서 좌파의 전통을 가장 잘 계승한 곳으로 알려져 있다.

또 하나, 프랑스인인 랑시에르가 프랑스 본토가 아니라 알제리에서 태어났다는 사실을 기억할 만하다. '피에 누아르(pied-noir, '검은 발'이란 뜻)'라고 불리는, 알제리에서 출생한 프랑스인 가운데 대표적인 인물로는 랑시에르 외에 알베르 카뮈, 자크 데리다, 이브 생 로랑 등이 꼽힌다. '피에 누아르'라는 규정이 랑시에르의 사상에 미친 영향을 단언하기는 힘들지만, 프랑스인이나 알제리인이 아닌 지중

해인地中海人의 삶을 살기로 한, 소설 《이방인》의 작가 카뮈를 통해 어느 정도 유추할 수 있다.

잠깐 곁길로 빠져, 자동차를 몰고 파리로 향하던 중 프랑스 남부에서 도로변의 나무를 들이받는 사고를 내 1960년 1월 4일, 46세의 젊은 나이에 세상을 떠난 카뮈 이야기를 하면, 문학평론가들은 대체로 그의 대표작 《이방인》의 주인공 뫼르소가 카뮈 자신을 상징한다고 말한다. 프랑스 소설인 《이방인》의 배경은 알제리의 수도 알제다. 알제는 카뮈가 성장하고 활동한 중심 무대이며, 알제리 제2의 도시 오랑은 《페스트》의 무대다. '피에 누아르' 카뮈는 프랑스인이지만, 알제리인이기도 했다.

근대에 오랫동안 프랑스 영토에 속한 알제리에는 적지 않은 수의 '피에 누아르'가 존재했다. 알제리 독립전쟁을 거치며 그 특성이 두드러지게 되는데, '피에 누아르'는 프랑스인이면서 알제리인이었지만 동시에 프랑스인도 아니고 알제리인도 아니었다.

알제리에서 프랑스인으로 태어난 카뮈에게 당연히 고향은 알제리(정확하게는 튀니지 국경에서 멀지 않은 드레앙. 프랑스 지배 당시의 지명은 몽도비)였지만, 알제리에게 카뮈는 이방인이었다. 《이방인》을 읽으면서 한국 독자는 프랑스인 세상에 들어온 아랍인을 유별난 프랑스인 뫼르소가 살해한 것으로 이해하겠지만, 알제리 독자는 아랍인 세상에 들어온 이방 프랑스인이 아랍인을 살해한 것으로 이해할 수밖에 없다.

이처럼 '피에 누아르'에겐 그 태생으로 인해 본질적인 주변인 기질과 자유로운 사유의 가능성이 주어진다. 랑시에르에게도 분명 '피에 누아르'성性이 발현됐겠지만, 소설가가 아닌 철학자의 길을 걸은 만큼 카뮈처럼 직접적이진 않은 듯하다.

랑시에르는 당대의 저명한 사상가 루이 알튀세의 수제자였다. 1968년 프랑스 학생운동을 계기로 스승과 결별하고 이후 독자적인 사유체계를 수립하였다. 그는 영화, 미학 등을 포괄하는 다양한 분야의 책을 저술하였다. 여기서는 《민주주의는 왜 증오의 대상인가》에 국한하여 이 책을 관통하는 주제인 민주주의의 위기와 가능성을 살펴본다.

비난받고 있는 민주주의

앞서 살펴보았듯 랑시에르는 민주주의가 비난받고 있는 현재 상황을 거론하며, 민주주의가 왜 비난에 직면하게 되었는지를 묻는다. 여기서 말하는 민주주의는 일반 원칙이 아니라, 특정한 정치 시스템으로서 대의제·언론출판의 자유 등을 포함한, 근대화와 결부돼 우리에게 익숙한 서구 민주주의다. 정치 시스템의 글로벌 스탠더드가 된 이 민주주의를 랑시에르는 "미군의 군홧발과 함께 보급됐다"라고 설명한다.

민주주의가 미군의 군홧발과 함께 보급됐다면, 고대 그리스의 민주주의와 확연하게 구별되는 지금의 민주주의, 즉 근대국가의 통치시스템으로서 현존 민주주의는 어떻게 시작됐을까. 랑시에르는 과거에 신성神性목자라고 불린 존재들을 살해함으로써 근대국가의 통치시스템인 현존 민주주의가 성립했다고 대답한다.

우리 지식체계에선 조금 낯선 '신성목자'를 살펴보기에 앞서 현존 민주주의를 조금 다른 각도에서 살펴보자. 현존 민주주의가 어쩔 수 없이 근대성을 기반으로 하는 까닭에, 민주주의의 형성과 발전 과정에서 목격되는 근대의 풍경은 자본주의 하의 노동자, 즉 프롤레타리아의 역사적 출현 장면에서도 발견된다. 카를 마르크스가 얘기하듯 자본주의에서 노동자는 이중으로 자유로운 존재다. 이중의 자유의 첫 번째 자유는 생산수단으로부터의 자유다. 여기서 '자유'는 결핍을 뜻한다. 영어·독일어 등의 자유는 우리말 자유自由에 해당하는 뜻을 기본으로 갖지만, 'virtually fat-free yogurt(지방이 거의 없는 요구르트)'처럼 '결핍' 또는 '부재不在'의 뜻을 함께 갖는다. 이러한 차이를 고려하며 '자유'를 이해하면, '생산수단의 자유'로부터 자유로운 계급은 자본가 혹은 유산계급(부르주아)이다.

생산수단을 가진 자본가와 달리 생산수단을 갖지 못한 노동자는, 시장에서 임금을 받고 자기 몸을 팔아야만 생존할 수 있는 존재다.

여기서 자연스럽게 '이중의 자유'의 두 번째 특징이 도출된다. 노동자가 자기 몸을 팔 수 있으려면 노동자의 몸이 노동자에게 속해야 한다. 누군가 무엇을 판다고 한다면, 그 누군가가 그 무엇을 법이든 무엇에 의해서든 사전事前적으로 소유하고 있다는 뜻이 된다. 근대의 자본주의가 시작하면서 인간은 사상 처음으로 자기 몸의 주인이 되었다. 근대 이전에는 심지어 왕까지도 자기 몸의 주인이 될 수 없었다.

서구에서 근대는 노동자를 중세 봉건제의 신분제 속박에서 벗어나게 하였다. 동시에 중세의 속박에서 벗어난 자본가 또한 합법적이고 안정적으로 재산을 소유하고 노동을 구매할 수 있게 되었다. 현실에서 구분이 모호해지기는 하지만, 자본가가 구매하는 것은 노동자가 아니라 노동자의 노동이다. 마르크스의 용어로는 구매 가능한 것은 노동력이다. 노동자와 자본가의 계약은 형식논리상 자유계약이며, 봉건 질서 하에서와 달리 돈만큼 사고팔 수 있는 것으로 간주한다. 반면, 비록 실상은 판이하겠지만, 근대의 노동자가 자유로운 존재가 되었기에 노동자의 인신 자체는 결코 거래할 수 없다. 노동자의 인격과 노동자의 노동이 분리되는 사태는 근대사회의 근본적 문제로 자리 잡지만, 여기서는 이 책 주제의 성격상 더 논의하지 않는다.

근대에 자본주의와 함께 민주주의가 도래하려면 마찬가지로 기존 질서의 파괴가 필요하였다. 민주주의는 민民이 주인主人이 되는 것이기에, 역사상 한 번도 주인인 적이 없었던 민이 주主가 되는 그러한 변혁이 일어나려면 필연적으로 신성목자, 즉 주인의 살해가 전제된다. 노동자가 신분상의 속박에서 벗어남으로써 자기 몸을 팔 수 있게 된 것과 비슷한 논리로, 민도 신분제의 속박에서 해방됨으로써 정치의 주역으로 극적으로 등장하게 된다. 신분제적 속박의 정당성의 핵심은, 민이 양 떼와 같은 (몰려다니기만 할 뿐 생각이 없는) 존재여서 양을 치는 더 우월한 존재, 즉 신성목자의 지배를 받아야 하며 목자는 애초에 양 떼와 다른 성별聖別된 존재로 상정된다는 데 있다. 그러나 랑시에르에 따르면 근대에 접어들면서 민의 해방에 따라 신성목자는 피살될 운명 앞에 놓이게 된다.

근대 이전 신성목자의 특징은 필연성이다. 신성목자는 우연성의 존재가 아니라 필연성의 존재로 역사에 군림하였다. 필연성의 존재라는 말은, 신성목자(통치자)가 민에 의거하지 않은 채, 심지어 자신에게도 의거하지 않으며 통치할 자격을 이미 획득하였다는 뜻이다. 과거 군주는 개인의 인격·능력과 상관없이 모종의 신탁을 받은 고결한 존재로 받아들여졌으며, 신성에 기반한 그러한 고결함이 통치의 정당성을 구성하였다. 정당성은 통치자 개인의 미덕과 역량에 의해서 생기지 않는다. 그것은 통치자 개인과 무관하게, 동시에 다른 인간들의 동의도 필요 없이, 오직 신성때문에 확보된다.

이제 자본주의와 민주주의가 한 몸인 양 동시에 등장하며 근대국가를 출범시키자 필연성의 고결한 존재들은 살해되고, 신성목자의 문법에선 고결하지 않을뿐더러 저열하기까지 한 하층 사람들이 통치의 주인이 되는 시대가 열린다. 필연성이 아니라 우연성에 지배받는 통치시스템, 민주주의가 등장한 것이다. 대중의 우매함에 진저리치고 그들의 교양 없음에 불편해하는 지식인들은 근대 통치의 우연성이 깊어질 조짐을 보이자 그 상황을 견디지 못하게 되었다.

민주주의와 자본주의가 동전의 앞뒷면처럼 근대사회를 구축하게 된 것 또한 지식인들의 심기를 거스르는 빌미가 된다. 자본주의는 개개인을 끊임없이 고립시키고 개개의 상품으로 환원하는 과정을 거친다. 노동자는 자신을 상품으로 시장에다 내다 팔지만, 동시에 그는 시장에서 소비자가 된다. 노동자를 포함하여 민주주의를 구성하는 시민은 소비하는 시민이 되지 않을 수 없다. 정치적 주체가 곧 소비하는 주체라는 민의 불편한 정체성이 분명해지면서 어떤 사람들은 민주주의라는 통치시스템의 품격이 훼손됐다는 인상을 받게 된다. 세상에, 주권자로서 소비자라니.

여기서 랑시에르가 사용한 필연성과 우연성이란 개념을 너무 어렵게 받아들일 필요가 없다. 간단히 옛날의 신분제 사회를 떠올려보자. 물론 적잖은 예외사례가 있긴 했지만, 신분제 사회의 기본구조는 단순하여, 왕이 되려면 왕의 아들로 태어나야 했다. 아버지가 아들을 결정하는 인과가 너무 확실했다. 따라서 '고결'한 혈통을 받은 사람은 고결하게 살고, '비천'한 혈통을 받은 사람은 비천하게 사는 것이 (꼭 현실적이라고 할 수는 없지만) 필연적이었다. 왕으로 태어나야만 왕이고, 노비로 태어난 한 결코 노비를 벗어날 수 없는 천부의 질서가 세상을 지배했다. 종종 현실에서 예외가 발생했지만, 예외는 예외라는 확증으로 인하여 법칙을 더 강화하였다.

필연성의 시대에서 예외는, 그것을 예외적인 것으로 승인하고 더 많은 예외의 확산을 차단하는 사회 전체의 인식체계 아래에 놓인다. 이런 형편으로 인해 예외가 기대함직한 균열을 만들지 못하고 오히려 통합을 강화하는 모르타르 역할을 한다. 인체의 면역시스템이 작동하듯 사회는 예외例外를 상례화常例化한다. 예컨대 탁월한 폭력배 하나가 주먹과 운에 기대 왕국을 일궜다면, 사후적으로 그의 조상 중에서 영웅이 발견될 수 있다. 그렇지 않다면 마찬가지로 사후적으로 교회의 신성한 축복을 받을 수 있다. 우연의 돌파는 필연의 세례로 우연성을 상실하는 구조다.

그러나 예를 들어 미국이란 신세계가 열리자, 유럽에서 필연적인 것이 아메리카에서는 필연적이지 않은 것, 즉 우연적인 것으로 바뀐다. 하층민으로 태어나면 필연적으로 그렇게 살아야 하는 세상과 하층민의 자식으로 태어나도 무엇이든 될 수 있는 아메리칸드림이 존재하는 세상은 판이하였다. 어떤 혈통을 타고났든, 어떤 신분에 속했든, 운과 노력 여하에 따라 거물이 될 가능성이 열려 있다는 것. 그것이 우연성이고, 그것이 현대 사회의 특징으로 여겨졌다.

태생과 무관하게 누군가 대통령이 되고 누군가 상원의원이 되는 정치 시스템의 본질은 예외 그 자체가 아니라, 누구나 그런 예외의 가능성을 꿈꿀 수 있게 된 사태에서 찾아진다. 바야흐로 우연성의 시대가 도래한 것이다. 우연성의 시대에서 예외는, 그것을 예외로 승인하며 더 많은 예외의 확산을 차단하는 사회 전체의 인식체계가 작동을 멈춘 가운데 자신을 예외의 당사자로 상상한 많은 사회구성원의 상상 중 하나가 실현된 사례를 뜻한다. 예외는 더는 통합을 강화하는 모르타르가 아니고 균열을 촉진한다. (그러나 아메리칸드림과 같은 우연성 또한 진짜 우연성이 아니라 필연성의 변태變態임을 랑시에르는 폭로한다.) 이러한 민주주의 시스템이 본격화하자, 일부 지식인이나 후대의 공화주의자들은 사태 전개를 우려하고 못마땅해한다. 그들은 "슈퍼마켓에서 자신들의 손수레를 (상품으로) 쉽게 채우기 위해 군주를 제거했던 그런 근대인들이 향유하는 민주주의"라고 민주주의를 폄훼하였다. 민은, 소비의 주체로 환원되는 사악한 존재라는 비난을 받으며 점차 증오의 대상으로 '승격'된다. 민주주의 성립과정 그 자체에서 배태된 증오는 민주주의 시대가 진척되면서 증폭되어 민주주의 체제의 불안정성을 높이고 있다.

그렇다면 그러한 비난은 과연 정당한가. 그리고 비난하는 이들은 왜 그렇게 행동하는가. 랑시에르의 대답은 간단명료하다. 그는 현재의 근대국가 정치 시스템을, 실제로는 과두제 지배체제지만 형식상 민주주의로 포장한 사기로 파악한다. 랑시에르에 의해 '사기' 집단으로 지목된 현존 민주주의 정치체제의 기득권 세력은 이 민주주의 체제의 실체인 과두제 지배를 지속해서 관철하기 위해 술수를 꾸민다. 민주주의를 지탱하는 민에게, 민은 무력하고 사악하고 열등한 존재이고 민주주의는 성립 불가능한 체제라고 끊임없이 비난하고 세뇌함으로써 그들을 정치적으로 좀 더 고립시키고 정치적 행동으로부터 배제하려고 한다. 이것이 랑시에르의 진단이다. 랑시에르는 이것이 음모라고 말한다.

통렬한 지적은 이어진다. 그는 "선거는 체제를 민주주의적인 것으로 보이게 하기 위한 형식에 불과하다"라며 민주주의의 정수로 추앙받는 대의제를 민주주의의 정반대라고 단언한다.

랑시에르 주장의 맥락을 따라가다 보면 음모는 음모론이 아닌 진실이라는 판단에 이르게 된다. 범죄 수사에서 결정적 증거가 발견되기 전에 감각적으로 범인을 추정하는 일반적인 방법은 그 사건과 관련하여 누가 가장 이득을 보는지, 누가 가장 손해를 보는지를 살펴보는 것이다.

민주주의가 출현하며 신성목자가 살해되면 불안해할 사람들이 누구일까. 민이 주인이 되는 시스템이 등장하면 누가 좌불안석할까. 과거 신성목자 주변에서 통치 권력을 분점한 사람들이 불만을 품게 된 건 당연하다. 뭔가 중요하고 소중한 것을 잃게 될 상황에 부닥치면 사람들은 절박해진다. 사람들을 절박하게, 나아가 필사적으로 만드는 데 권력만 한 것이 없다.

　이제 그들은 자신들의 기존 권력을 민주주의 체제 안에서 계속 유지하기 위해 어떤 식으로든 책략을 쓸 수밖에 없는데, 민주주의를 비난하여 증오의 대상으로 만드는 것이 매우 유력한 수단이 된다는 사실을 곧 파악한다. 그리하여 새롭게 등장한 근대의 정치적 주체를 탈정치화하고 동시에 공공의 것을 사유화하려는, 즉 기득권의 것으로 만들려는 음모를 진행한다. 결론적으로 민주주의를 증오의 대상으로 만듦으로써 그들이 얻고자 하는 바는 공적 영역의 끊임없는 사유화다. 실제로 현실에서 일어나는 일로, 공적 영역의 사유화는 사유화의 주체에게 그만큼의 권력을 주고, 이 권력은 추가적인 공적 영역의 사유화를 가능케 한다. 그들에게 선순환이지만, 근대에 이르러서야 어렵사리 정치적 주체가 된 민에게는 악몽이다. 그러나 민은 악몽의 원인을 파악하지 못하고 있다.

랑시에르는 이런 적나라한 고발을 통해 민주주의를 중오의 대상으로 만드는 기득권의 음모를 까발리고, 공적 영역을 끊임없이 사유화하는 과두제에 맞서 민주주의를 옹호한다. 민주주의는 결코 중오의 대상이 되어서는 안 된다.

대의제는 민주주의의 반대말

대의제가 현대사회에 공공연하고 광범위하게 퍼져 있는 상황을 고려할 때 대의제에 대한 랑시에르의 비판을 소위 민주시민은 난감하게 받아들일 법하다. '대의제=민주주의'라는 일반의 인식에 비추어 대의제를 공격하는 행위는 반反민주주의 책동으로 지탄받고 단죄받을 가능성이 매우 크다.

《민주주의는 왜 중오의 대상인가》에서 "증가한 유권자의 숫자 속에서 우리는 놀랄 만한 시민적 참여의 징후를 발견하게 된다"라는 표현을 발견한다. 이어지는 랑시에르의 말은 선거관리위원회나 정당에서 반길 만한 것이 아니다.

> 이 유권자들은 무능과 부패의 증거를 드러내 보인 국가 과두제의 대표자 중에서 한 사람을 선택하기 위해 동원 되기를 고집하는 그런 사람들이다.

차악과 거악 중에서 하나를 고르기 위해 선거에 참여 하는 사람들이 고른 것은 결국 악惡이다. 현행 선거에는 선善을 골라낼 수 있는 기능이 원천 차단돼 있기에 선거 자체가 무의미할뿐더러 선거를 근간으로 한 '현행' 민주주의도 앞의 주장대로 사기라고 랑시에르는 말한다.

만일 대의제라는 것이 과두제의 음모라는 랑시에르의 견해에 동의한다고 해도 실행 가능한 뚜렷한 대안이 보이지 않는다는 반론이 예상된다. 그러나 혹시 사실은 이런 게 아닐까. 대안이 보이지 않는다는 생각 자체도 우리가 그들의 철두철미한 책략에 포위되었기 때문이 아닐까. 우리가 선거 참여에 과도한 강박증을 갖고 있기 때문은 아닐까. 개인적으로는, 위기에 빠진 민주주의를 구원하기 위해

과도적으로 혹은 때에 따라 선거 참여보다는 선거 거부를 독려하는 게 나을 수 있다고 생각한다.

현존 대의제 민주주의의 선거는 정해진 선택지 가운데 하나를 고르는 요식행위에 불과하다는 것이 랑시에르의 견해이고, 나 또한 전적으로 동의한다. 선거에 모종의 의의가 있다면 그것은 정치 소비자들의 참여 욕구를 만족시키는 정도가 아닐까. 근본적인 문제는 해결되지 않지만, 피상적인 욕구불만은 해소된다.

이 책에서 랑시에르가 지적하듯 대의 민주주의 하에서 정치 권력의 변화라는 것은 기득권 내의 변화에 불과하다. 이른바 주권자인 유권자가 행하는 선거라는 것은 기득권 내의 변화와 권력의 승계를 수동적으로 추인해주는 바보짓이다. 그러므로 최초의 민주주의로 복귀해야만 이 문제가 해결된다고 랑시에르는 말한다.

랑시에르가 말하는 최초의 민주주의는 무엇일까. 최초의 민주주의를 논의하기에 앞서 우리는, 지금의 민주주의에는 민주주의 본래의 장점이자 반대자들에 의해선 결함으로 지적된 우연성이 사라지고 '우연성을 가장한' 필연성이 작동하고 있다는 현실을 새삼 통렬하게 자각할 필요가 있다. 앞쪽에서 얼핏 시사하였듯, 필연성의 세계를 대체한 우연성의 세계에 지금 실제로 구현되고 있는 건 본래의 우연성이 아니라 우연성의 외피를 쓴 '필연성의 변태' 같은 것인데, 이것은 간단히 또 다른 필연성이라고 규정할 수 있다. 물론 신성목자 시대의 필연성과는 다른, 우연성에 맞서 진화한 새로운 필연성이기에 기득권 입장에서는 변증법적 종합을 거쳐 도달한 고양된 필연성이라고 할 수 있다.

우리나라 정치를 예로 들면, 당명이 너무 자주 바뀌었지만 내부자는 거의 바뀌지 않은 더불어민주당(세력)과 국민의힘(세력) 외에 과연 다른 대안적 정치 세력이 등장할 수 있을까. 한국 현대 정치사에서 대안적 움직임을 운위하자면 찻잔 속의 태풍 정도 말고는 별다른 게 목격되지 않았다. 한국 정당사는 소소한 지류를 포함하는 커다란 두 줄기만으로 구성됐다.

두 개의 이 과점적 정당이 (계급정당은 없다고 하니) 대중정당으로서 국민의 정치 욕구를 수용하고 있을까. 동의하는 국민이 많지는 않을 것이다. 그런데도 선거철이 되면 대다수 혹은 적지 않은 숫자의 국민이 이 두 개의 선택지 가운데 하나에다 자신들의 욕망을 투사한다. 그러곤 누군가의 당선에 열광하고 축배를 드는가 하면, 누군가의 당선에 이 나라에 못 살겠다며 이민을 입에 올린다. 나름 흥미진진한 이러한 풍경이 민주주의의 실상일까.

군사독재가 끝난 이후 대한민국에서 정권교체는 표면적으로 집권세력의 교체지만, 실질적으로는 기득권 집단의 영속적 지배에 불과하다. 랑시에르의 의미로 우연성이 민주주의의 본령이라면, 한국 사회의 정치는 필연성이 지배하던 서구 중세의 정치와 본질상 다르지 않다. 이 나라 정치에 더는 '우연성'이라 할 만한 게 없다. 새로운 이념을 표방한 새로운 정치 세력이 등장하고 새로운 대안을 활력 있게 모색할 바탕인, 그 우연성이 완전히 배제된 세상이 되었다.

그러하기에 최초의 민주주의로 돌아가야 한다고 랑시에르는 역설한다. 한 마디로 우연성의 복원이다. 지금 우리 민주주의의 산적한 문제는 우연성을 복원하는 것만으로 해결할 수 없지만, 해결을 시작할 수는 있다. 우연성의 복원은 필연성의 극복이란 옛 과제와 형식상 동일하다. 앞서 설명하였듯, 현재 기득권의 필연성이 변증법적으로 지양된 새로운 필연성일진대, 복원된 우연성 또한 새롭게 고양된 새로운 우연성이어야 한다.

새로운 필연성과 관련하여 이 책에서 흥미롭게 볼 대목은 권력의지다. 지금의 문제는 "권력의지를 가진 사람들이 정치한다는 것"이라는 랑시에르의 지적은 새겨들을 만하다. 실제로 사회는 정치가의 권력의지를 너무 당연시한다. 한국 신문 정치면을 보면, 특정 정치인에 관한 기사에서 흔히 "권력의지가 약한 것이 문제점"이라는 표현이 종종 등장한다. 정치부 기자들은 권력의지를 칭송하고 미디어는 더 강력한 권력의지를 정치인의 미덕으로 칭송한다. 사회적으로 권력의지는 정치가의 당연한 덕목으로 인정된다. 그러나 권력의지 자체는 좋게 보아 필요악이다. 그것도 권력의지가 '가치價値의지'와 결부되었을 때만 그나마 필요악으로 간주할 수 있다. 권력의지의 부재를 모아서 권력을 행사하는 것이 우연성이고 민주주의라고 한다면 권력의지에 관한 이러한 고정관념은 필연성의 요청인 셈이다.

랑시에르는 대의제가 대의제로 존속하기 위해 존중해야 할 최소한의 규칙을 이야기한다. 선출된 의원 임기의 최소화, 겸직 금지 및 재선 금지, 정부가 아니라 인민 대표

들에 의한 법 제정, 국가 공무원의 피선거권 금지, 선거운
동과 선거 비용의 최소화 및 선거 과정에서 경제 세력의 개
입 통제 등. 그러나 랑시에르가 말한 최소한의 규칙 가운
데 현실정치에서 지켜지고 있는 건 거의 없다.

한국 정치사에서, 고인이 된 김영삼 전 대통령, 김종필
전 국무총리, 박준규 전 국회의장이 역대 최다인 9선 의원
을 지냈다. 국무총리를 지낸 이해찬 의원은 7선 의원이다.
정치적인 기여와는 별개로 이들이 권력의지의 화신이라는
데 이견이 있을 수 없어 보인다. 국회의원 중에 기획재정부
장관·차관 등 고위 관료 출신이 눈에 많이 띄는 것도 문제
라면 문제다. 정당정치의 재구성 등 여러 가지 논의와 병행
해야겠지만, 국회의원은 재선 정도로 족하고 아무리 많아
도 3선에서 끝내는 것이 바람직하다는 게 내 의견이다.

국회의원 선수 제한을 비롯하여 랑시에르가 말한 것들
이 지켜졌다면 대의제를 통해서, 미흡하지만 우연성에 지
배받는 활력 있는 민주주의가 어느 정도 가능했을 것이라
고 상상할 수 있다. 대의제를 개혁하는 것과 동시에, 근대
민주주의가 시작하며 유폐幽閉한 추첨제를 부활하는 것 또
한 우연성의 민주주의를 복원할 수 있는 확실한 방법이다.

필연성의 본질은 금권

추첨제 도입이 막혀 있고 대의제 개혁이 지지부진한 가장 큰 이유는 정치 자체보다는 경제에서 발견된다. 더 정확하게는 정치 권력을 하수인으로 부리는 경제 권력, 즉 금권이다. 금권이야말로 새로운 필연성을 의미한다. 근대 국가 형성기에 '피'라는 필연성에 맞서 우연성을 대표한 자본은 과거의 필연성이 사라진 자리를 새로운 필연성의 방식으로 차지하였다. 새로운 필연성의 방식 중에서 대표적인 것이 선거제도다.

랑시에르는 부에 기초한 사회 권력이 부의 무한 증식에 대한 억제를 거부하고 있다고 지적한다. 나아가 부에 기초한 이 사회 권력의 활력이 날이 갈수록 강해지고 국가 권력과 더 밀접해지고 있다고 진단한다. 우리나라에서 목격되는 이러한 현상은 유럽, 미국 등 개발된 자본주의 국가에서도 공통적이다.

우연성 복원의 핵심은 금권정치의 제어다. 이것은 민주주의를 되살리기 위한 핵심 과제다. 유의할 것은 민주주의의 친구처럼 보이는 민주주의의 적이 생각보다 많다는 점이다. 알다시피 대한민국은 민주공화국이다. 즉 대한민국은 민주주의와 공화주의로 운영되는 국가라는 뜻이다. 지금까지 논의한 민주주의는 여전히 논란이 많지만 그럼에도 고의적 왜곡까지 포함해서 우리가 그 개념과 의의를 이해하기 어렵지는 않다.

공화주의는 다르다. 엄밀한 의미의 공화주의는 우리 전통 안에 존재하지 않고, 따라서 익숙지 않은 이념이다. 공화주의가 민주주의와 어떤 식으로 결합해야 하는지도 고민거리다. 공화주의 전통이 강력하다고 할 프랑스에서도 때로 공화주의가 민주주의를 훼손할 정도로 두 이념의 조화로운 접점은 쉽지 않다. 공화주의와 민주주의가 공존해야 한다는 사실상 선험적인 믿음이 때로 민주주의를 위태롭게 한다.

민주주의가 우연성에 의지한다는 말은, 구성원의 평등이 구현될 때만 민주주의가 작동한다는 말로 바꿔 쓸 수 있다. 평등 없는 민주주의는 성립 불가능하며, 동시에 평등을 지켜내는 시스템이라는 데 민주주의 존립의 가장 큰 의의가 있다. 반면 공화주의는 구조적으로 불평등을 지향하지 않지만 꼭 평등에 기반한 시스템이라고 보기도 힘들다.

민주주의와 차이점을 강조하다 보면 공화주의는 오히려 필연성의 체제에 가까워진다.

논의의 본질은 민주공화국이란 규정에서 찾아야 한다. 그냥 공화국이 아니고, 공화주의민주국도 아니고, 민주공화국이다. 정식 국호가 조선민주주의인민공화국인 북한도 민주공화국을 표방한다. 북한 역시 민주주의를 앞에 내세운다. 영문명은 남한이 'Republic of Korea', 북한이 'Democratic People's Republic of Korea'로, 믿거나 말거나 북한이 더 '민주적'이다.

한반도의 남쪽과 북쪽에 등장한 두 개의 민주공화국은 모두 진정한 민주공화국일까. 북한은 야심 찬 국호에도 불구하고 단적으로 '피'에 의한 3대 세습이 웅변하듯 필연성의 공화국이라고 할 수 있다. 북한 사람들이 자기네 나라를 언급하며 "우리 공화국"이라고 표현한 데서 의도하지 않은 혜안 같은 걸 엿볼 수 있다. 북한의 국가체제는 사실상 세계에서 유일한 것이기에 국가형태를 지칭하는 기존의 용어로 북한 체제를 설명하긴 힘들어 보인다. 조선민주주의인민공화국 중에 '조선' 말고는 '민주주의', '인민', '공화국' 모두 사전辭典적 의미에 해당하지 않는다. 특히 주체

사상으로 운영되는 국가에서 우리가 아는 민주주의를 찾아보려고 한다면 도로徒勞에 그치기에 십상이다. 사회주의 국가도 아니고 왕조 국가도 아닌, 사회주의 국가가 아닌 것도 아니고 왕조 국가가 아닌 것도 아닌 북한이 그래도 '민주공화국'이라고 우긴다면 민주와 공화 중에서 그나마 공화국에 근접한 형태이지 싶다. "우리 공화국"이 민주국가일 수가 없으니 말이다.

영문명은 'Republic of Korea'이자 헌법상 민주공화국인 남한은 실체적 민주공화국일까. 우선 자본주의 국가인 것은 부인할 수 없는 사실이다. 그렇다면 북한과 대비하여 남한에서 '민주공화국'의 민주와 공화 중에 어느 쪽이 더 우세할까. 영문 국호로는 공화이어야 할 것 같다. 그러나 대충 봐도 대한민국이 공화국일 리가 없지 않은가. 민주주의보다 훨씬 다의적이고 정의하기가 더 어렵다는 공화제(공화정)의 특성을 폭넓게 감안하여도 이 나라를 공화주의적이라고 판단하기는 쉽지 않다.

그렇다면 대한민국은 민주주의 국가일까. 랑시에르가 비아냥거린 바로 그 내용의 민주주의를 뜻한다면 그럴 수도 있겠지만 본래 의미의 진정한 민주주의라면, 대한민국은 민주주의 국가가 아니다. 안타깝게도 민주공화국 대한민국은 민주주의 국가도, 공화국도 아니다.

정확하게 말해서 대한민국은 현재 민주주의의 외피를 쓴 자본주의 국가이며 금권과두제의 지배 아래 놓여 있다. 그러나 한국의 현대사를 돌아보면 우리 국민의 힘으로, 민중의 힘으로, 시민의 힘으로 우리 국가의 민주주의를 구현한 경험은 절대로 적지 않았다. 우리가 쟁취한 민주주의는 그렇다면 어디로 사라져버렸을까.

민주주의의 경험은, 반反민주주의에 맞서 승리한 경험은, 시민의식이나 제도, 시스템으로 뿌리내리지 못하였고, 그 사이 민주주의를 두려워하는 세력은 끊임없이, 또 체계적으로 민주주의를 유명무실하게 만들려고 노력하였다. 보다시피 그 노력은 상당히 성공적이어서 오늘날 금권과두제의 사이비 민주공화국에 이르게 된다. 물론 이러한 진단에 동의하지 않을 사람이 있으리라고 생각하며, 나의 견해에 반대하는 사람이 꼭 기득권의 입장을 대변한다고 보지도 않는다. 대한민국 건국부터, 또는 그 이전까지 소급할 복잡하고 긴 논의는 일단 이 자리에서 유보하고, 처방이 다를 수는 있겠지만 어쨌든 한국 민주주의에 위기 징후가 나타났다는 데만 동의한다면 민주주의 회복에 초점을 맞춰 함께 고민하고 함께 행동할 수 있다.

내가 생각하기에, 또한 많은 사람이 인정하듯, 우리의 민주주의는 우리의 자본주의와 쌍두마차로 한국을 끌어가고 있다. 핵심은 특별히 금권권력을 어떻게 통제하느냐다. 이것이야말로 민주주의 회복의 관건 중의 관건이다.

그러려면 무엇보다 현재의 전반적 탈정치를 정치화하여야 한다. 신자유주의의 지배 논리 중에 대표적인 것이 정치와 경제의 분리다. 경제는 또 하나의 정치 현상인데 경제를 정치적이지 않은 현상으로 가공架空하여 정치에서 분리함으로써 사람들의 시선을 포괄적 정치가 아닌 협소한 정치 영역으로 돌리게 만든다. 또한 금권과두제의 깃발인 신자유주의는, 정치 영역에서도 지속해서 공적인 영역과 사적인 영역을 구분하고 대중의 정치적 관심을 사적인 영역에 매몰함으로써, 이들을 사적인 영역에서 익사한 개인주의적 민주주의자로 한정하려고 기도한다. 이때 남겨진 공적인 영역을 과두제 집단이 사유화함으로써 그들은 소기의 목적을 달성한다.

결국 민주공화국 대한민국의 실상은 과두제와 금권제

의 두 가지 사악한 체제에 의해 작동하는 불편한 국가라는 것인데, 그렇다면 어떻게 이 난국을 돌파해야 할까. 랑시에르가 이 책에서 제시하는 해법이 별다른 게 없다는 것이 더 큰 난국이다. 나 역시 추첨제를 비롯하여 염두에 둔 이상적인 방법론을 언제든 떠올릴 수 있지만 당장 현실에서 적용하고 실현 가능한 유효한 혁신책을 내어놓으라고 한다면 간명하고 단호한 답변을 내어놓기가 힘들다. 주인 입장에서 고양이 목에 방울 다는 일은 쉽지만, 쥐의 처지에서는 그 일이 어렵기 그지없다. 한때 주인이었지만(혹은 주인으로 불렸지만) 이제 쥐가 되어버린 처지에서 대응 전략은 달라질 수밖에 없다. 주인이었을 때는 방울만 준비하면 됐지만, 지금은 그보다 훨씬 많은 준비가 필요하다. 그럼에도 우리의 논의는 방울에만 맴돈다.

랑시에르는 말한다. 불평등 사회는 원칙적으로 평등 사회를 잉태할 수 없다고. 그렇다면 점점 더 최악으로 치닫는 불평등 사회에서 민주주의가 작동하는 평등사회를 꿈꾸기는 더 난망한 일이 될 수밖에 없다. 랑시에르는 뭐라고 말할까.

민주주의는 자신만이 보유하는 고유하며 항구적인 행위
에만 자신의 운명을 맡기고 있다.

그는 행위를 역설한다. 계속해서 랑시에르는 "이러한
민주주의의 모습(즉 행위)은 사상의 힘을 사용하는 데 익숙
한 자들에게 충분히 공포감과 증오심을 자극할 만한 것"이
며 "반대로 어떤 누구와도 공평하게 권력을 나눠 가질 수
있는 사람들에게 민주주의는 용기와 기쁨을 선사해 주는
것이라고 할 수 있다"라고 말한다.

민주주의가 평등한 세상을 꿈꾸는 사람들에게 용기와
기쁨을 줄 수 있을까. 아마도 그랬을 것이고, 그럴 것이다.
그러나 그 전에, 민주주의를 신봉하는 사람들은 스스로 자
신의 운명을 개척하지 않으면 안 되며, 그것은 전적으로 행
위에 의지할 수밖에 없다. 민주주의자의 운명이 민주주의
의 운명이기 때문이다. 행위에 민주주의의 운명을 맡긴다
는 랑시에르의 말을 면피성 수사로 받아들일 수도 있겠지
만 사실 그것 말고 민주주의의 운명과 결부될 다른 무엇을
상상할 수는 없어 보인다. 가장 최근에는 촛불이란 행위로
우리는 우리 민주주의의 운명을 열지 않았나.

2장

상상의 결과물이라 하여도, 민족주의는 무죄
베네딕트 앤더슨 《상상의 공동체》

제18회에 이어 두 번째로 열린 제32회 도쿄 올림픽은 올림픽 역사에서 꼭 언급될 올림픽이다. 코로나19의 영향으로 1년 연기돼 2021년 7월 23일~8월 8일에 개최됐다. 말 많고 탈 많던 제32회 도쿄 올림픽에서도 여느 때처럼 한일전이 주목받았고, 미국과 중국의 메달 경쟁이 뜨거웠다. 우리나라 국가대표 선수를 흔히 '태극전사'라고 한다. 따지고 보면 국가주의가 짙게 밴 용어를 사용하는 셈인데, 어느 나라나 사정은 비슷할 것이다. 사실 올림픽은 인류애를 확인하는 자리라기보다는 국가주의·민족주의를 뜨겁게 분출하고 국가 간·민족 간 전쟁을 의제擬制하는, 또는 승화하는 전장이다.

올림픽은 근대성의 산물이다. 국민국가 단위의 세계 체제를 반영하면서 동시에 그러한 체제를 공고히 하는 되먹임을 가한다. 올림픽 경기장에 나부끼는 국기를 보며 가슴이 뭉클할 사람에겐 별로 설득력 없을 이러한 이야기를 정색하고 한 학자가 2015년에 작고한 베네딕트 앤더슨(Benedict Anderson, 1936~2015)이다. 앤더슨은 그의 주저《상상의 공동체》(1983)에서 민족 혹은 크게 보아 국가는, 개인의 믿음이나 국가의 선전과 달리, 좋게 말해 우연한 것이고 신랄하게 말해 조작된 것이라고 선언했다.

독일은 언제부터 독일이었을까

유럽사는 로마사와 다르지 않다. 로마의 탄생, 로마제국의 성립과 발전, 로마제국의 동서분열, 서로마·동로마의 멸망, 신성로마제국의 성립과 멸망에 이르기까지, '로마'의 역사는 19세기 초반에야 끝나기 때문이다. 비잔티움제국으로 불리는 동로마제국이 1453년에 멸망하였고, 교황 요하네스 12세가 로마에서 오토 대제에게 신성로마제국 황제의 관을 씌워준 게 962년이니 500년가량 동로마제국과 신성로마제국은 공존하였다. 영토를 중심으로 바라보면 신성로마제국이 서로마제국을 계승한 셈인데, 사실 꼭 그렇다고 하기는 힘들다는 데서 신성로마제국의 특징이 발견된다. 말하자면 중세에서 근대로 이어지는 유럽 역사의 중심에 선 게 신성로마제국이었으나, "스스로 신성로마제국이라 칭하였고 아직도 칭하고 있는 이 나라는 딱히 신성하지도 않고 로마도 아니며 제국도 아니다"라고 한 볼테르의 비아냥거림 그대로였다.

신성로마제국 이야기가 나오면 곧바로 오토 대제가 등장하고, 오토 대제의 황위 등극 이후 역대 독일 국왕이 황제 칭호를 가지게 되었다는 설명이 따라오지만, 이 설명 또한 정확하게 맞는다고 할 수 없다. 합스부르크 가문의 오스트리아 공작 알브레히트 2세가 1438년 황위에 오르면서 합스부르크 가문에서 신성로마제국 황제 자리를 내용상 세습했기 때문이다. 1485년 프리드리히 3세 때 신성로마제국의 대외적인 국호로 '독일 민족의 신성 로마 제국 (Heiliges Römisches Reich Deutscher Nation)'이 사용되기 시작하였다. 이 국호는 그의 아들인 막시밀리안 1세에 의해 1512년 쾰른 제국의회에서 최종적으로 확정되었고, 이후 제국이 멸망할 때까지 공식 국호로 사용되었다. 근대에 접어들며 '독일 민족(Deutscher Nation)'이 하나의 실체로 등장하기 전까지 신성로마제국을 독일과 오스트리아가 대大게 르만의 관점에서 공유했다고 정리하면 되겠다.

신성로마제국은 로마도 아니고 제국도 아니며 신성하지도 않은 채로 844년이나 존속하다가 1806년 나폴레옹에 의해 해체되어 역사 속으로 사라졌다. 이 사건을 두고 괴테는 "나의 마부가 언쟁을 벌이는 일보다 더 관심 없는 일이다"라고 말한 것으로 전해진다. 그러나 괴테의 말이 '유명무실'한 신성로마제국에 대한 독일인의 심정을 전적으로 대변하지는 않는 것 같다. 신성로마제국에 대한 독일인의 향수는 종종 발현하였고, 말하자면 아돌프 히틀러에게서 극적으로 또 전형적으로 분출하였다고 볼 수 있다.

나폴레옹은 신성로마제국을 해체하고 대신 라인강의 동쪽 지역에 신성로마제국보다 현저하게 오그라든 라인

동맹을 세웠다. 남서 독일 16개국이 가담한 라인동맹은 채 10년을 살아남지 못했다. 나폴레옹이 워털루전투에서 패배한 1815년, 라인동맹은 빈 회의 결정에 의해 독일연방 (Deutscher Bund)으로 바뀐다. 독일연방은 신성로마제국에 포함되었던 기존 영방領邦 국가들을 모아서 복원한 것으로 현재의 독일, 오스트리아, 룩셈부르크 등을 포괄한다.

독일연방은 오스트리아제국과 프로이센왕국을 비롯하여 바이에른왕국, 작센왕국, 뷔르템베르크왕국, 헤센대공국, 바덴대공국 등이 포함된 38개국으로 구성되었다. 오스트리아와 프로이센이 독일연방을 주도하였으며, 오스트리아는 연방의회의 의장국이었다. 연방의 수도는 프랑크푸르트였다. 흥미로운 사실은 오스트리아 영토 중 일부(헝가리, 롬바르디아, 베네치아, 달마티아 등)와 프로이센 영토 중 일부(동프로이센, 포젠 공령 등)가 과거 신성로마제국의 영역에 포함되지 않았기에 신성로마제국을 계승한 독일연방의 영역으로부터도 제외되었다는 것이다. 이로 인하여 양국의 군대 중 많은 부분이 연방군에 속하지 않았으며, 자연스럽게 이 두 국가는 종전처럼 독립국으로 행세하게 된다. 볼테르를 패러디하면 독일연방 또한 독일도 연방도 아니었다고 하겠다.

이러한 태생적 한계로 독일연방은 단명하여 1866년 프로이센-오스트리아전쟁의 결과로 와해하고 만다. 이후 독일연방은 프로이센을 중심으로 하는 새로운 북독일연방, 오스트리아-헝가리제국, 바이에른왕국, 뷔르템베르크왕국, 바덴대공국, 헤센대공국, 룩셈부르크대공국으로 분열되었다. 북독일연방은 이전까지 중부 유럽에서 연방체를 표방한 유명무실한 '연방국가'들과 달리 진정한 의미에서 최초의 연방국가, 또는 근대국가라는 평을 받는다.

북독일연방은 1870년 프랑스-프로이센전쟁(보불전쟁)을 거쳐 남독일 지역을 흡수·합병하며 1871년 1월 18일 프랑스 베르사유에서 독일제국으로 탄생하였다. 이 독일제국은 4 왕국, 18 공국, 3 자유시 등 25개의 국가와 2 제국령으로 구성된 연방국가였다. 프로이센을 알맹이로 한 이 독일제국이 현재 독일의 직접적 조상인 셈이다. 그러나 더 윗대의 조상에게까지 관심을 기울인 이들이 있었는데 히틀러가 대표적이다.

천년 왕국을 표방하였지만, 결과적으로 1945년까지밖에 존속하지 못한 제3제국을 히틀러가 1933년에 열었다.

히틀러의 나라가 제3제국인 이유는 962~1806년의 신성로마제국이 제1제국이고, 1871~1918년의 독일제국이 제2제국이기 때문이다. 신성로마제국이 나치 독일의 뿌리가 되면서 나치의 오스트리아 합병은 시간문제였다는 관점이 성립한다.

독일이 근대국가(nation)로 발전하는 도정에 프로이센이 핵심적인 역할을 수행하였다는 데 이견은 없다. 한데 프로이센왕국 발흥기의 영토 중 본래 '프로이센'에 해당하는 지역은 신성로마제국 바깥에 위치했고, 또한 과거 프로이센이란 명칭이 붙었던 땅은 현재 독일에 속해 있지 않고 주로 폴란드의 영토가 되어있다. 예를 들어 서프로이센의 주도였던 단치히는 현재 그단스크로 불리며 폴란드의 대표적 도시 중의 하나로 세계인에게 알려져 있다. 1980년대에 레흐 바웬사가 자유 노조 운동을 일으킨 근거지가 그단스크다.

세계시민, 베네딕트 앤더슨

"민족이란 발명된 것"이란 주장으로 세계적으로 큰 반향을 일으킨 베네딕트 앤더슨의 《Imagined Communities - Reflections on the Origin and Spread of Nationalism》은 국내에 '상상의 공동체' 또는 '상상된 공동체'란 제목으로 번역됐다. 백의민족, 단군의 자손, 단일민족 등 민족주의 이념으로 무장한 한국인에게, 민족이란 발명된 것으로 상상의 공동체에 불과하다는 앤더슨의 생각은 어쩌면 불경스러운 것일 수 있겠다. 부제까지 연결 지어 생각하면, 민족주의(Nationalism)의 기원과 확산에 관한 성찰을 통해 민족이란 상상의 공동체에 불과하다는 결론에 도달했다는 것인데, 그래도 마뜩잖다고 할 사람이 한둘이 아니지 싶다. Nationalism을 민족주의로 번역하는 데는 논란이 존재하지만 통용되는 번역어이므로 일단 쓰고 나중에 추가로 논의하도록 하자.

앤더슨은 1936년 중국 윈난성 쿤밍昆明에서 영국인 어머니와 아일랜드인 아버지 사이에서 태어났고 영국 이튼스쿨, 케임브리지대를 거쳐 1967년 미국 코넬대에서 정치학으로 박사학위를 받았다. 2002년 정년 퇴임 때까지 코넬대 교수로 재직하였고 2015년 12월 79세의 나이로 영면하기까지 평생 연구와 저술 활동에 매진하였다. 민족주의 연구로 세계적 명성을 얻은 그의 실제 전공은 동남아시아학. 대학원 시절인 1965~1966년 인도네시아 반공 대학살을 연구하여 논문을 썼다가 수하르토 독재정권에 의해 27년이나 인도네시아 입국을 금지당했다. 앤더슨 사후 미국의 정치잡지 〈뉴리퍼블릭 The New Republic〉이 "앤더슨에게 고향이 존재했다면, 그것은 인도네시아였을 것"이라며 "그는 온 마음과 정신을 기울여 그곳을 공부하고 또 정서적으로 그곳에 살았다"라고 추모했다. 모국어 수준으로 인도네시아어를 구사할 줄 알았던 그가 숨진 곳도 인도네시아 동부 자바였다.

쿤밍에서 태어나고 어려서 베트남인 보모의 손에 자랐으며, 혈통이 영국과 아일랜드에 걸쳐 있지만 미국에서 활동하였고, 평생 동남아시아학을 공부하다 인도네시아에서 숨진 앤더슨. 앤더슨의 삶을 일별하는 것만으로 그가 세계시민이었으며 민족주의의 편견으로부터 자유로웠겠다는 생각이 든다.

'상상의 공동체'라는 책 제목에서 작가가 하려는 이야기가 환하게 드러난다. 많은 사람에게 태어나면서부터 확고한 실체로 자리 잡는다고 간주한 그 민족이라는 것이 사실은 상상되고 고안된 가공의 현실에 불과하다는 문제의식이 깔려 있다. 일단은 민족에 대한 비판적이고 부정적인 시각을 예상할 수 있다.

앤더슨의 생각에 적극적으로 동의하게 되는 게, 지금 우리에게 자명한 민족국가라는 개념이 사실은 100~200년 전만 해도 전혀 의미가 없었다. 앞에서 살펴본 독일 역사에서도 200년 전에는 독일 민족이라고 분명하게 말할 만한 것이 부재했다. 19세기를 거치고 특히 20세기에 들어서 갑자기 '민족'이 왜 그렇게 큰 힘을 발휘하게 됐을까. 민족의 이름으로 민족의 구성원들이 기꺼이 목숨을 걸고 다른 민족을 몰살하는 20세기의 끔찍한 경험은 나치에서 두드러졌지만, 그 이후에도 그 정도로 극악하지는 않았다고 하여도 부정적인 양태로 이어졌다. 예를 들어 유럽의 화약고로 불리는 발칸반도에서 빚어진 인종분쟁은 겉으로는 수그러들었지만 여전히 현재진행형이라 할 수 있다.

민족이란 발명된 것

나치Nazi로 알려진 20세기 초반 독일의 히틀러 정당의 정식 명칭은 국가사회주의독일노동자당(Nationalsozialistische Deutsche Arbeiterpartei)이다. 1919~1945년에 존재한 나치 정당 명칭에 사회주의와 노동자란 단어가 들어간 건 분명 아이러니다. 나치는 유대인 학살로 악명이 높았지만, 사회주의와 노동자세력에 대해서도 매우 적대적이었다.

히틀러의 정당명에 포함된 단어 중에 '독일'은 그의 정치적 야심에 비추어 불가피했을 것으로 판단되며, 'Nation'도 중요한 어휘였으리라고 짐작할 수 있다.

그런데 국가사회주의독일노동자당 속의 'Nation'을 번역한 한국어는 '국가'다. 근대국가는 내용상 국민국가國民國家이며, 국민국가의 정식 영어 표기는 'nation-state'이다. 베네딕트 앤더슨의 《상상의 공동체》의 부제 'Reflections on the Origin and Spread of Nationalism'에 들어있는 'Nationalism'은 민족주의로 번역된다. 이 'Nation'은 민족인 셈이다.

'Nation'이 문맥에 따라 번역어가 달라졌다. 'Nation'을 번역하는 데서 빚어지는 이 같은 혼란은 번역자의 문제나 한국어의 문제라기보다는 'Nation' 자체의 문제라고 보는 게 타당하다. 'Nation'은 인종적이고 문화적이며 정치적인 개념을 모두 담고 있다. 근대국가가 국민국가를 지향하면서, 혹은 시대적 요청에 힘입어 국민국가로 형성되면서 복합적 성격을 갖게 된 것과 궤를 같이한다.

한반도를 예로 들면, 국민국가는 한국 자체의 연원을 갖지 않고 미국과 소련 점령기를 거치면서 외세에 의해 한반도에 한 번에 이식된 체제다. 국민국가가 자생적으로 생겨난 유럽 등과 달리 (착각일지 모르지만) 상대적으로 인종적이고 언어적인 통일성이 큰 데다 지정학적 요인까지 결부돼 한국의 국민국가를 둘러싼 개념 혼란은 심각하지 않았다. 남한과 북한의 각각의 국민국가에서 '분단'이라는 전혀 다른 유형의 정치적 문제가 존재하였지만, 국민국가 내 민족·국가·국민 간에 큰 상충은 없었다.

반면 유럽 등지에서는 근대국가로 나아가는 도정에서 크게 보아 분명 자생적이었다고 할 수는 있겠지만, 국민국가를 형성하기 위해 모종의 술수가 동원될 수밖에 없었다. 'Nation'에 내포된 의미의 모호성, 좋게 보아 다의성이 근대의 기획자들이 의도한 것이라는 견해는 과한 측면이 있지만, 많이 틀렸다고 할 수 없다. 인종적이고 (유사) 생물학적인 민족과 정치적인 국민은 국가 안에서 통합될 필요가 있었고, 따라서 각지의 근대국가 설립자들은 상상력을 요구받았다. 히틀러가 신성로마제국과 독일제국을 지그재그로 이어서 자신의 나라를 제3제국으로 명명한 것과 같은 상상력. 이때 'Nation'의 민족적 특성은 즉자적 호소력을 갖기에, 유효하게 사용된다. 'Nation'을 국민으로 만들기 위해선 먼저 'Nation'에서 민족을 끌어내야만 했다.

앤더슨은 다음과 같은 민족의 정의를 제안하였다. "민족은 본래 제한되고 주권을 가진 것으로 상상되는 정치공동체다." 앤더슨의 이야기를 마저 들어보자.

민족은 가장 작은 민족의 구성원들도 대부분의 자기 동료들을 알지 못하고 만나지 못하며 심지어 그들에 관한 이야기를 듣지도 못하지만, 구성원 각자의 마음에 서로 친교(communion)의 이미지가 살아있기 때문에 상상된 것이다. 에르네스트 르낭이 "민족의 핵심은 전 소속원이 많은 것을 공유한다는 사실이며, 동시에 전 소속원들이

많은 것을 망각해 주어야 한다는 사실이다"라고 썼을 때
그는 그의 유쾌한 화법으로 이 상상함(imagining)을 언급
한 것이다. 겔너(Gellner)가 "민족주의는 민족들이 자의
식에 눈뜬 것이 아니다. 민족주의는 민족이 없는 곳에 민
족을 발명해낸다"라고 얼마간 잔인하게 규정했을 때 위
와 유사한 논점을 이야기하고 있다.

그러나 르낭이 민족은 인종에서 유래하는 것도, 언어
로 구분되는 것도, 종교로 결속되는 것도, 국경선으로 규정
지을 수 있는 것도 아니라면서 "하나의 민족은 하나의 영
혼이며 정신적인 원리"라고 말할 때 앤더슨의 '상상의 공
동체'와는 다른 사유를 보여주는 듯하다. 앤더슨이 민족은
제한된 것으로 상상된다고 말할 때 그 제한은 한정된 경계
와 그 너머의 다른 민족을 염두에 둔 것이다. 기독교나 이
슬람교 같은 세계적 종교에서 볼 수 있는 초국가적 세계시
민은 민족이란 개념에서 아예 등장하지 않는다. 어떤 민족
도 그 자신을 인류와 동일시하지 않는다. 세계정복을 꿈꾼
히틀러가 항상 적대시할 다른 민족을 상정한 것이 대표적
이다.

민족과 주권의 결부는 근대국가 구상과 관련된다. 민족은, 계몽주의가 만개하고 신이 정한 계층적 왕국의 합법성을 무너뜨리던 혁명의 시대, 즉 근대의 문턱에서 태어났기 때문에 근대성을 구현할 책무를 요청받게 된다. 국민국가라는 형태로 근대성을 체현하는 과정에서 공동체로서 민족이 상상된다. 왜냐하면, 각 민족에 보편적으로 존재하는 실질적인 불평등과 가혹한 수탈에도 불구하고 민족은 언제나 심오한 수평적 동료의식으로 상상되어야 하기 때문이다. 서유럽에서 18세기는 민족주의의 여명기로 종교적 사유체제의 황혼기와 겹친다. 그리하여 앤더슨은 다음과 같이 말한다.

> 종교적 믿음이 쇠퇴했다고 해서 믿음이 일부 진정시켰던 고통이 사라진 것은 아니었다. 낙원의 붕괴로 숙명만큼 종잡을 수 없는 것도 없게 되었다. 따라서 숙명을 연속성으로, 우연을 의미 있는 일로 전환하는 세속적인 작업이 필요하였다. 이러한 목적에 민족이라는 개념보다 더 적합한 것은 별로 없었으며, 현재도 별로 없다.

《상상의 공동체》는 민족을 동원한 '세속적인 작업'을 유럽 방식과 신대륙 방식으로 나눠 설명한다. 유럽에서는 라틴어 같은 정본正本 언어, 혹은 신성한 언어가 일상언어의 모습으로 지역화하고 자본주의의 발흥과 함께 출판이 발달하면서 동종의 언어로 어떤 시공간을 공유하게 된 일군의 사람이 과거 왕조의 기억과 결부된 특정한 공동체 의식을 갖게 되었는데, 근대국가의 필요성에 의해서 그것을 민족으로 전환하였다는 것이 앤더슨의 설명이다. 정본 언어의 지역화는 종교개혁 시기에 루터가 독일어 성경을 번역하여 낸 것을 비롯하여 많은 종교개혁자가 자국어로 성경을 번역·출판한 것이 단적인 예다.

신대륙 방식은 유럽 방식과 완전히 달랐다. 단순화하여 설명하면 신대륙에서는 상당히 이질적인 사람들이 모여서 민족이라고 우기기 시작했다고 할 수 있다. 신대륙에서는 유럽 혈통이지만 비非유럽 신대륙인이자 식민지인인 크리올[11]들이 본토에 맞서서 또는 식민지에 온 본토 대리

---

11) 크리올(Criole, 스페인어: Criollo[크리오요], 프랑스어: Créole[크레올])은 본래 유럽인의 자손으로 식민지 지역에서 태어난 사람을 부르는 말이었으나, 오늘날에는 보통 유럽계와 현지인의 혼혈을 부르는 말로 쓰인다. 베네수엘라 독립운동의 지도자 시몬 볼리바르는 스페인계 크리올이었다.

인들과 대립하면서 인종이 다른 현지 원주민 세력을 규합하고 특정한 상징 조작을 추가하여 민족으로 형성되었다. 따라서 신대륙에서 민족주의가 생성되는 과정에서 인종과 언어는 큰 의미가 없었다.

살펴본 두 가지 방식을 통해 알 수 있는 것은 민족국가 혹은 민족의식을 형성하는 데 언어, 인종, 종교 가운데 어느 것도 결정적이지 않았다는 사실이다. 유럽과 신대륙의 민족주의는 다양한 필요성에 의해서 다양한 모습으로 나타났는데, 공통점은 근대국가 형성과 관련됐다는 것이었다. 또 다른 공통점을 찾자면 자본주의의 전개와 적잖은 관련성을 갖는다고 할 수 있다. 초기엔 일치하고 상호보완적이던 근대국가와 자본주의의 발전의 길이 어느 시점에 상충하면서 불가피하게 제국주의가 나타날 수밖에 없었다는 것이 일반적 해석이라면, 근대국가가 민족주의를 호출한 것과 달리 제국주의 또한 민족주의를 호출했다고 일률적으로 말하기는 어려워 보인다. 물론 제국주의의 세계적 확산이 유럽의 근대국가가 국경 너머로 폭주하는 양식이란 측면에서 보면 '호출'을 가능한 것으로 검토할 수 있겠다. 또한 제국주의의 세계적 확산에 따른 안티테제로서 나

타난 식민지 민족 해방운동이 제국주의 식민지에서 민족
주의가 환기되는 양상이었다고 할 때 제국주의를 민족주
의와 전적으로 무관한 것으로 만들지는 않는다.

한국에서 민족의 호명

　라틴아메리카에서는 본토 출신이지만 이미 식민지인
이 돼 버린 제국주의 국가의 서자 격인 크리올이 원주민과
협력하여 식민지에서 새로운 민족국가 설립을 주도했지
만, 아시아·아프리카 식민지에서는 종종 한나 아렌트에 의
해 폭민暴民으로 명명된 본토 출신의 이등 국민이 원주민
과 대립하며 현지에서 제국주의 본국의 이익을 수호했다.
아메리카 식민지와 아시아·아프리카 식민지 사이의 이러
한 차이에 대해서는 제국주의 전기와 후기의 특징으로 구
분한 설명이 편의상 타당해 보인다.
　유럽국가의 식민지배를 받지 않고 이웃 아시아국가의
식민지배라는 제국주의의 조금 특수한 경로를 밟은 우리

나라에서도 '제국주의 후기'의 양상이 나타났다. 더불어 우리나라에서 민족의 호명 또한 일제 식민지가 되어 제국주의 침탈을 겪으면서 일어났으리라는 것이 나의 생각이다. 식민지배 전에 존재한 조선왕조는, 역사에서 목격되듯 근대국가로의 전환에 실패하였기에 앤더슨이 고찰한 유럽 방식으로 한반도에서 민족의식이 형성되지는 않았다고 할 수 있다. 근대국가와 결부되지 않은 조선왕조 본유의 민족의식이란 것이 존재했을까. 상상의 공동체든 다른 어떤 공동체든 민족의식을 운위하려면 기층민중이 조선왕조에 상당한 수준의 소속감을 느껴야 할 텐데, 그들이 과연 조선왕조에 소속감을 느꼈을까.

(연구가 가능할지 모르겠지만) 연구에 근거하지 않은 직관적 판단으로, 아닌 것 같다. 내가 보기에 조선은 왕과 양반, 그것도 일부 엘리트 양반의 나라였지, 민중의 나라는 아니었다. 조선이 나름의 방법으로 중앙집권적 국가체제를 구축하였다고 하지만 공통의 시공과 기억의 공유를 통해 민족의식으로 전환할 만한 끈끈한 유대를 형성하지는 않았을 것이라고 보는 게 합리적이지 않을까. 오히려 조선이란 국가에 소속된 다수의 마음속에는 반복된 수탈과 체계적

약탈 그리고 일상의 폭력으로 인한 적개심이 만연하지 않
았을까.

일제에 의해 저지되지 않았다 하여도 조선왕조가 자체
적으로 민족의식을 호출하기는 힘들었을 것으로 보인다.
프로이센왕국이 독일제국으로 성장하기까지는 프랑스와
오스트리아라는 강력한 외부의 적이 존재하였다. 조선왕
조의 적은 주로 내부에 존재하였다고 할 수 있는데, 그렇다
면 일본의 조선 침략과 식민지 지배를 통해 한반도에 이방
인이 들어오면서 민족의식이 형성되기 시작하였다는 판단
이 수긍할 만한 것이 된다. 이방인이 들어와서 내부의 압
제자를 대신하며 조선 내부의 기존 계급갈등이 상대적으
로 흐려지게 된다. 같은 언어를 쓰던 과거의 압제자는 동
일한 이등 국민 혹은 원주민으로 전락한다. 다른 언어를
쓰는 사람에 비해서 같은 언어, 같은 문화, 같은 음식을 공
유하는 사람 사이에 명시적이지 않지만 암묵적인 공감대
가 형성되어 서서히 하나의 민족이란 의식을 창출하지 않
았을까.

만일 우리나라에서 그런 방식으로 민족이 호출됐다면
8·15광복 이후에 등장한 우리 국가는 민족국가일까. 북한

은 논외로 하고 우리가 잘 아는 남한만을 대상으로 한다면 한반도 남쪽에 들어선 대한민국은 과연 어떤 유형의 국가일까. 식민지 지배 과정에서 체득한 민족적인 자각은, 해방이라는 새로운 기회에 직면하였을 때 제대로 된 민족공동체를 근대국가의 형태로 만들어야 하겠다는 민족적이고 국민적인(영어로 하면 한 단어로 'national') 열망으로 분출하지 않았을까. 조선왕조와 다른, 일제 식민통치체제를 극복한 자주적이고 민족적인 공동체를 건설하고자 한 민족적이고 국민적인, 동시에 민중적인 열망은 실제로 해방공간에서 거세게 분출하였다. 그러나 현대사에서 목도하였듯 그러한 열망의 실현은 좌절되었다.

요약하면, 미국의 세계전략과 내부역량의 한계가 맞물려 민족과 국민의 이익에 반대되는 기이한 형태의 국민국가가 대한민국이란 이름으로 수립되는 허망한 결과를 낳았다. 대한민국은 근대국가이자 국민국가로 출범했지만, 상상의 공동체 차원의 민족국가도 모색하지 못한 채 공공연하게 약탈적 계급국가로 설계되었는데, 흥미롭게도 민족주의는 이 국가의 중요한 이념으로 건국 이래 지속하여 숭상되었다. 그리하여 한국은 역설적으로 최고 수준의 상상 공동체를 모색하게 된다.

실제 내용이 진정한 민족주의에서 멀어질수록 상상의 공동체가 강해지는 역설은 아메리카 대륙에서도 마찬가지다. 아메리카에서 크리올들이 Nationalism의 기치 아래 페루를 만들고 뭘 만들고 했지만 결국은 그들이 지배자가 된다. 백인이든 흑인이든 인디언이든 독립전쟁 이후에 미국의 기층민중에게 나타난 변화는, 지배자가 여왕에서 제퍼슨이니 하는 백인 지주들로 바뀐 것 말고는 없다. 물론 민족이란 이름으로든 다른 이름으로든, 장기적인 관점에서 지배구조가 내부화한 것이 무의미하지는 않다. 그런데도 피지배계급이 자신들의 억압을 전복하기까지 근본적인 의미화는 일어나지 않는다.

남한의 상황은 더 꼬여 있었다. 일본과 미국이라는 두 개의 외세와 내부의 다양한 독립노선 그리고 국민국가 범위에 수정을 압박하는 북한이란 존재까지, 한반도 남쪽에 근대국가가 이식되는 과정의 논리는 복잡했다. 비록 민족이 상징조작에 불과하다 하여도 남미의 크리올들이 민족해방운동 노선을 견지한 것과 달리, 남한의 해방 정국에서는 민족이 아닌 소위 이념이 근대국가 수립을 좌지우지하게 된다. 그리하여 미국이란 외세의 이익을 적극적으로 반영하고 미국에 의해 설계된 자본주의 반공 국가가 1948년에 출범한다. 민족이 배제된 근대국가로 출발한 대한민국은, 막상 수립되고 난 다음에는 주로 계급적인 갈등을 덮고 뒤늦게 상상의 공동체를 강제하기 위해서 오히려 민족주의를 엄숙히 선포하고 강화한다. 특히 박정희 정권하에서는 성웅 이순신이라든지 국민교육헌장이라든지 민족주의적인 상징조작이 계속 이어지며 더 강화되었다.

남미와 비교해 작용순서가 달라지기는 하지만 한국의 지배계급이 민족이라는 가상의 공동체를 자신들의 계급적 이익을 관철하는 데 얼마나 유력하게 썼는지는 쉽사리 확인된다. 이러한 양상은 대한민국이란 국가를 설립하고 이후 대한민국을 후견하며 본원적 특징과 한계를 부여한 아메리카합중국에서도 동일하였다.

내부적인 위계에도 불구하고 모두가 여왕의 신민이었다가 백인 지주들의 나라로 바뀐 아메리카합중국에서 흑인 대통령이 나오기까지는 200년이 넘는 시간이 걸렸다. 오바마의 피부색이 물론 의미가 없지 않지만, 아메리카합중국 제44대 대통령 버락 오바마는, 프란츠 파농식으로 말해 '검은 피부 하얀 가면'에 불과할 수 있다. 아메리카합중국 출범 초기에 알렉시스 드 토크빌이 칭찬한 이 나라의 민주주의하에서 선거권이 돈 있는 백인에 국한하였음은 너무 빨리 잊혔다. 미국 독립 이후 지금까지 인종적인 차별과 계급적인 지배가 여전하여서 흑인이나 인디언은 물론 가난한 백인은 선거와 같은 국가 경영 과정에 참여할 수 없었다. 공식적인 여성 배제 또한 20세기까지 이어졌다. 현재의 미국 선거제도 또한 불합리하기 그지없다. 조금 과장하면 민의를 철저하게 배제하기 위해 선거가 존재하는 듯하다.

이러한 역사적 경험에 비추어볼 때 전 세계적으로 나타난 Nationalism이 근대국가의 형성에 불가결하였던 것으로 판명되고 있지만, 근대국가의 새로운 지배 세력 혹은 근대국가 형성을 계기로 새롭게 지배자가 된 세력이, 민족을 유력한 지배 이데올로기로 또한 세계화한 표준 통치 플랫폼으로 정착시켰음은 흔히 간과된다. 이 '간과'에 시선을 돌려 '상상의 공동체'란 용어로 Nationalism에 깃든 근대의 그늘을 해명하였다는 데서 앤더슨의 업적이 발견된다.

민족국가의 형성과 시장

앤더슨은 '상상의 공동체'를 설명하면서 자본주의와 출판·인쇄술 발달의 영향을 매우 중요하게 거론하였다. 타당한 관점이다. 앤더슨이 상대적으로 덜 주목한 것 중에는 시장이 있다. 근대국가는 맹아 상태에서부터 자본주의적 시장을 만들기 시작했는데, 역으로 자본주의적 시장이 근대국가를 만들었다고도 할 수 있다. 근대국가가 만드는 이 시장은 영어로는 'nationwide'한 시장이다. 우리말로 번역하면 그저 '전국적인' 시장이지만 앞에서 살펴보았듯 nation이란 단어에 담긴 다양한 뜻을 고려하면 'nationwide'한 시장은 근대국가의 핵심 기제가 될 수밖에 없다.

반복하면 근대국가가 nationwide한 시장을 만들고, 시장도 nation을 꼭 필요로 한다고 하겠다. 자본주의 초기 단계에서 어느 특정 nation에 속한 자본가는, 다른 언어를 쓰든 다른 인종이든 아무튼 다른 nation의 자본가로부터 보호받으면서 자신의 상품을 팔 수 있는 고유한 시장을 필요로 했다. 민족국가 형성과 자본주의 발전은 어떤 식으로든 관련을 맺을 수밖에 없다.

유럽은 1648년 베스트팔렌조약 성립 이후에 종교와 인종에 따라 지금의 유럽과 흡사한 모습으로 국경이 나뉜다. 동시에 자본주의가 발흥하면서 각자의 영토 안에서 자신들의 시장과 자신들의 지배를 관철할 공통의 이해관계를 구축하고, 그 속에서 민족이라는 개념을 자연스럽게 도출한다.

예컨대 조선의 이씨 왕조에 비견될 수 있는 독일의 호엔촐레른 가문이 베를린이 포함된 브란덴부르크의 선제후가 되어 이 지역에 거점을 마련한 시기는 1415년으로, 조선 왕조가 개국한 1392년보다 20여 년 늦다. 호엔촐레른 가문은 종교개혁 시기에 재빠르게 개신교로 개종하여 정치적으로 이득을 취하고 오데르강과 슈프레강의 수운을 이용한 무역으로 부를 축적했다. 지금은 폴란드 영토에 속한 프로이센공국을 흡수한 게 1618년이다. 베스트팔렌조약으로 귀결한 30년전쟁에는 신교도 편에 서서 '브란덴부르크-프로이센'으로 참전하였고 브란덴부르크가 30년전쟁의 주전장이 되면서 많은 인구가 사망하는 쑥대밭을 겪었으나, 종전과 함께 베스트팔렌조약을 통해 동부 포메른과 마그데부르크, 할버슈타트, 카민, 민덴의 4개 주교령을 획득하는 보상을 받았다. 호엔촐레른 가문이 프리드리히 1세, 프리드리히 빌헬름, 프리드리히 대왕으로 이어지는 강력한 군주를 연이어 배출하면서 브란덴부르크 선제후는 1701년 프로이센왕국의 왕이 되었고 나중에 독일제국의 황제에까지 오른다.

근대국가가 흔히 상비군과 관료제를 핵심 특징으로 한다고 할 때 프로이센이 여기에 해당한다. 호엔촐레른 가문을 포함하여 유럽의 많은 왕가는 신성이 부여한 하늘로부터의 정통성이 조용히 시들어갈 때 '민족'이라는 표어에 손을 뻗었다. 계몽군주로 명성을 날린 프로이센왕국 3대 국왕인 프리드리히 대왕의 군대 지휘관 대부분이 외국인이었던 반면 프로이센왕국 6대 국왕에 해당하는 프리드리히 빌헬름 4세 군대의 지휘관은 클라우제비츠 등의 개혁 결과로, 전적으로 프러시아 민족만으로 구성된다.

민족에서 피는 사실 크게 믿을 만한 것이 못 된다. 유대인을 그토록 혐오한 히틀러에게 유대인 피가 섞였다는 의혹이 오랫동안 제기되었는데, 실제로 21세기 들어 DNA 검사를 통해 의혹은 사실로 확인되었다.[12] 히틀러처럼 외

---

12) '히틀러는 유대인 후손… 친척 DNA 검사', 아주경제, 2010. 8. 24.
유대인과 흑인을 극도로 혐오했던 아돌프 히틀러(1889~1945)가 실은 유대인과 아프리카인의 후손이라는 DNA 검사 결과가 나왔다. 23일 영국 일간 데일리메일 인터넷판에 따르면 저널리스트인 장-폴 뮐데와 역사학자 마르크 베르미렌은 올해 초 히틀러의 친척 39명의 DNA 샘플을 조사해 히틀러가 유대인, 아프리카인과 생물학적으로

형상의 차이가 두드러지지 않는다면 피와 비교해 언어는 조금 더 신뢰할 만한 민족성의 현재성 지표이지만 당연히 언어라고 확고한 지표는 아니다.

예컨대 1066년 '노르만정복'으로 알려진 영국 정복을 통해 현재 영국의 기초를 쌓은 것으로 알려진 '정복자 윌리엄(윌리엄 1세)'은, 사실 큰 의미는 없지만, 영어를 하지 못했다. 윌리엄 1세처럼 옛날로 올라가는 인물이 아니라, 지금까지 독일인으로부터 '대왕'으로 사랑받는 프리드리히 대왕을 살펴보면 그의 일상어는 독일어가 아니라 프랑스어

연결됐을 가능성이 크다는 결론을 얻었다고 밝혔다. 베르미렌은 벨기에 주간지 〈낵Knack〉과 인터뷰에서 히틀러의 친척들에게서 발견되는 특정 염색체 '하플로프그룹 E1b1b(Y-DNA)'가 독일인을 포함한 서유럽인에게는 드물다면서 이 염색체는 모로코 베르베르인과 알제리·리비아·튀니지 사람, (중부 및 동부 유럽의) 아슈케나지와 (스페인 및 북아프리카계) 세파르디 유대인에게서 가장 흔하게 발견된다고 설명했다. 베르미렌은 이로써 히틀러는 자신이 경멸했던 사람들과 잇닿아 있다고 볼 수 있다고 덧붙였다.
'E1b1b'는 아슈케나지 유대인의 18~20%, 세파르디 유대인의 8.6~30%가 보유한 염색체로 유대인 혈통에서 공통적으로 발견되는 유전적 특징 가운데 하나다. 벨기에 루벤가톨릭대학의 유전학 전문가인 로니 데코르테는 이번 연구 결과에 놀라움을 표하면서 히틀러가 북아프리카에 뿌리를 뒀을 것이라는 데 동의했다.
히틀러가 유대인 조상을 뒀을 것이라는 주장은 이전에도 제기됐었다. 히틀러의 아버지 알로이스 히틀러(1837~1903)는 마리아 안나 쉬클그루버와 프랑켄베르거라는 유대인 남성 사이에서 사생아로 태어난 것으로 여겨졌는데, 이것이 사실이라면 히틀러의 몸에는 적어도 25%의 유대인 피가 흐르고 있었던 셈이다. 한편 이번 연구는 미국과 오스트리아 등지에 흩어져 있는 히틀러의 친척을 찾아내 DNA 샘플을 얻고, 엄격한 실험을 거쳐 이뤄졌다고 주간지 〈낵〉은 전했다.

였다. 프리드리히 대왕은 정무 언어로 프랑스어를 썼고, 그가 남긴 모든 글도 프랑스어로 되어있다.

민족주의는 자본주의의 발달, 근대국가의 형성, 새로운 통치이념의 필요성 등이 맞물리며 19~20세기의 히트상품이 되었다. 앤더슨은 민족주의가 상상되자마자 표절되고 변형되었다고 말한다. 제정 러시아, 헝가리, 영국, 일본, 태국 등의 왕조 국가들이 신성이 아니라 민족으로부터 권력의 정당성을 가져오기 위해 신대륙의 민족주의를 표절했다는 것이 앤더슨의 설명이다. 즉 '관제 민족주의(official nationalism)'의 등장이다. '관제 민족주의'에 관한 앤더슨의 설명을 더 들어보자.

　　민족주의는 왕조적 원리를 침식했고, 그럴 만한 위치에 있는 모든 왕조에 '자체 귀화[13]'를 부추겼다. 이러한 '관제

---

13) 자체 귀화라는 말은 유럽의 왕가를 이해해야만 이해할 수 있다. 근대국가가 성립하기 전까지 왕과 같은 통치자들은 꼭 자신의 영지 안에 살지 않았고 아주 멀리 떨어져 있어서 평생 가보지 않을 수도 있었다. 유럽의 왕가는 영지 혹은 영토 안의 (나중에 국민으로 발전하는) 신민과 별다른 관계를 맺지 않았으며, 왕가들끼리 결혼 등을 통해 협력하고 전쟁을 통해 경쟁하는, 신민과 유리된 삶을 살았다. 근대국가 성립과 함께 유럽의 주요 왕가는 자신의 핵심 영토에 대해 소속감을 표시해야만 했고, 소속감을 표현하는 가장 좋은 수단은 같은 민족임을 공포하고 선전하는 것이었다.

민족주의'는 왕조 권력의 유지를 (왕족의) 귀화와 결합하기 위한 수단으로서, 다른 식으로 말하자면 짧고 꽉 끼는 민족의 피부를 제국의 거인 같은 몸통에 늘여 씌우기 위한 수단으로서 가장 잘 이해될 수 있다. '관제 민족주의', 즉 의지를 품고 이루어진 민족과 왕조 제국의 합병의 위치를 고려하는 데 대한 열쇠는 이것이 1820년대부터 유럽에서 왕성히 자라나고 있던 인민적 민족 운동들 이후에, 그에 대한 반작용으로서 발달했다는 점을 기억하는 것이다.

이후 아시아와 아프리카의 식민지 영토에서는 민족주의의 '마지막 물결'이 일어나는데, 산업자본주의의 막대한 성취로 인해 가능해진 새로운 스타일의 지구적 제국주의에 대한 대응이었다는 것이 앤더슨의 분석이다. '마지막 물결'에 속하는 제3세계 민족주의에서는, 민족 구성원이 쓰는 모국어와 영어·프랑스어·독일어 같은 식민국의 본토 언어를 함께 구사하는, 이중언어 능력을 보유한 인텔리들이 중요한 역할을 수행하였다. 우리나라 해방공간에서 영어를 쓸 줄 아는 사람들이 미군정청과 연줄을 형성하며 남한 사회의 주류로 성장한 것이나, 무엇보다 이승만이 남한 단독정부의 수반으로 미국으로부터 간택을 받은 데는 그가 영어에 능통한 미국 생활 경험자라는 사실이 고려되었을 것이다.

제3세계의 이중언어 구사 인텔리들은 20세기 초반에, 이미 한 세기 이상 지속한 아메리카와 유럽의 사납고 혼란스러운 경험들로부터 민족과 민족됨, 민족주의를 증류하여 실현 가능성을 높인 여러 모델에 접근할 수 있었다. 이들은 크리올 민족주의, 일상어 민족주의, 관제 민족주의 등을 복사·각색·개량하여 자국에 적용하였다.

제1차 세계대전은 고귀한 왕조주의 시대에 종지부를 찍었다. 1922년쯤이면 유서 깊은 합스부르크·호엔촐레른·로마노프·오스만 가문이 모두 사라졌다. 서구 열강의 아프리카 식민지 분할을 공식화한 1884~1885년 베를린회의를 이제 민족(nation)들의 연맹, 즉 '국제연맹(League of Nations)'이 대체했으며, 국제연맹에서는 베를린회의와 달리 비非유럽인이 배제되지 않았다. 이때부터 정당성 있는 국제 규범은 민족국가였고, 그렇기에 살아남은 제국주의 세력들조차 국제연맹에는 제국의 제복이 아닌 민족의 의상을 입고

왔다. 제2차 세계대전이라는 대변동 이후 민족국가의 조류는 만조에 이르렀다고 앤더슨은 말한다.

국제연맹을 계승한 '국제연합(United Nations)' 또한 민족(nation)들의 모임으로 자신의 정체성을 표명하였다. 이제 민족국가는 국제사회의 보편적 규범이 되었고, 일상어의 공유 없이도 민족이 상상될 수 있는 정도에 도달하였다. 민족주의를 우회할 길이 더는 없다는 뜻이다.

민족주의는 근대국가의 초석을 놓았지만, 발칸반도 등지에서 그 심각한 부작용을 드러내곤 하였다. 따라서 진보적인 지식인들은 흔히 민족주의의 병리를 지적하며 비판적인 입장을 취한다. 비판의 근거는 일반적으로 타자에 대한 혐오와 증오, 과격한 인종주의 등이다. 앤더슨은 상상된 공동체로서 민족이 등장하기까지 다양한 음모가 개입하였지만, 무엇보다 바로 그 상상으로 인해 민족주의는 인종주의와 무관하다고 강조했다.

앤더슨은 "민족주의는 역사적 운명의 언어로 사고하는 반면 인종주의는 역사의 바깥에서 혐오스러운 교미의 끝없는 연속을 통해 시간의 근원으로부터 전달되는 영원한 오염이라는 꿈을 꾼다"라고 말했다. 인종주의의 꿈은 그 기원을 민족 이데올로기보다는 계급 이데올로기에 두며 민족주의 이전부터 존재한 현상이란 차이를 갖는다.

민족이 상상의 공동체임은 분명하지만, 민족주의를 오염시키는 다양한 병폐를 제대로 방어해내기만 한다면 '민족주의는 무죄'라는 앤더슨의 논지는 상당히 수긍할 만하다. "우리 자신에게 민족은 사랑을, 그리고 때로는 심원하게 자기희생적인 사랑을 고취한다"라는 앤더슨의 표현은 살짝 '국뽕'적인 냄새를 풍기지만 민족을 이루는 구성원들이 수평적인 동지애 위에서 주권을 가진 공동체를 적극적으로 '상상'한다는 정치 행위의 결과를 표현한 것이라면 굳이 민족주의를 거부할 이유는 없다.

우리 주변에 있고, 역사를 같이하고, 같은 언어를 쓰고, 문화를 공유하는 사람들과 동질감을 느끼면서 그들과 우호적이고 공동체의 일원으로 존재하려는 인식. 그렇다고 역사·문화·언어가 다른 사람들을 절대로 배제하지 않겠다는 확고한 의지. 이 인식과 의지가 결합한 공동체 의식을 민족주의라고 한다면 그런 민족주의는 권장할 만하다. 가까운 사람들에게 유대감을 느끼는 것은 당연하다. 그러나 그 전에 그 유대에 과도한 의미를 부여하고, 상징조작을 통해 다른 유대에 속한 사람들을 배제하고 공격하고 억압하도록 만든 장치들은 우리 내면에서 우러난 것이 아니라는 사실을 이해하여야 한다.

근대국가가, 특히 근대국가를 지배하는 사람들이 통치의 필요성에 의해서, 또한 시장의 필요성에 의해서 고안된 장치임을 꿰뚫어 본다면, 어쩌면 불순한 의도에서 시작되었는지 모를 '상상의 공동체'를 따뜻하게 포용하고 진보의 기지로 삼는 일까지 가능하지 않을까. 2006년 영미권에서 《상상의 공동체》 개정판이 출간되었을 때 영국 역사학자 티 제이 클라크T. J. Clark는 〈런던리뷰오브북스〉에 기고한 서평에서 "《상상의 공동체》는 우리가 (현대의) 여러 문제를 생각하는 출발점을 제공한다"라고 말했다. 덧붙이자면 여러 가능성을 생각하는 출발점이기도 하다.

3장

정당정치가 '클릭 민주주의'보다 우월할까
E. E. 샤츠슈나이더 《절반의 인민주권》

20세기 미국을 대표하는 정치학자 중의 한 사람인 E. E. 샤츠슈나이더(Elmer Eric Schattschneider, 1892~1971)의 《절반의 인민주권》(1960)은 1960년에 출간된 정치학의 고전이다. 그가 하고자 하는 이야기는 제목에 거의 다 반영돼 있다. 민주주의를 표방하는 현재 정치체제에서 정당정치가 제대로 작동하지 않는다면 '인민주권(popular sovereignty)'은 절반밖에 실현되지 않을 것이라고 주장한다. 민주주의는 사회 하층의 요구와 경험을 이해하고 통합하는 과업을 다른 어떤 통치체제보다 더 잘 해낼 수 있는데, 그 전제조건은 정당이라는 논지다.

《절반의 인민주권》의 원제는 'The Semisovereign People: A Realist's View of Democracy in America'다. 번역이 쉽지 않은 까닭이겠지만 한국어 제목에 약간 변화가 있었다. 즉 원어 제목은 "sovereign"에 "semi"를 붙여서 "people"을 수식하는 구조로 '인민'을 강조하지만, 한국어 제목은 '주권'을 강조한다. 문제를 일으킬 만한 변용은 아니지만, 샤츠슈나이더가 애초에 주된 관심을 기울인 대상이 인민이었다는 사실은 짚고 넘어가도록 하자. 부제는 '현실주의자의 관점에서 미국의 민주주의를 바라보다'라는 정도의 의미로, 그가 현실에서 실제로 작동하는 민주주의에 관심을 기울였음을 분명히 하였다.

샤츠슈나이더는 1935년 콜롬비아대학에서 박사 학위를 받았으며 은퇴할 때까지 웨슬리안대학에서 학생들을 가르쳤다. 또한, 코네티컷 미들타운 시 위원회(Middletown City Council), 주 선거법위원회(State Election Laws Commission), 주 중재조정위원회(State Board of Mediation and Arbitration), 주 사면위원회(State Board of Pardons) 등 실제 현장 정치 활동에 적극적으로 참여하였고 미국 정치학

회 회장(1956~1957)도 역임하였다. 그의 이름을 딴 '샤츠슈
나이더 상(E. E. Schattschneider Award)'은 미국 정치학 분야
최고의 박사 학위 논문에 수여하는 권위 있는 상이다.

갈등은 민주주의의 본질?

《절반의 인민주권》은 짧지만 잘 정리된 책이고, 정치
학의 고전으로 불릴 만한 통찰을 담고 있다. 《절반의 인민
주권》이 출간될 즈음에는 민주주의가 더는 고민의 대상이
아니었다. 고민한다면 '어떤 민주주의여야 하나?'가 그 대
상이 되고, 합의되어 가동된 공동체로 국가나 사회가 주어
져 있게 된다. 실제 준수되고 실현되는가와 무관하게 공동
체의 가치에 대해서도 암묵적인 합의가 존재한다고 보는
게 타당할 것이다.

샤츠슈나이더는 이 책에서 형이상학적 담론을 기피하
고 기능적인 접근 방법을 취하는데, 정치의 보편적인 언어
로서 갈등을 제시하며 민주주의의 주권자인 인민의 이익

을 극대화하는 방향을 모색하였다. 그는 사회 또는 국가 내의 갈등을 '민주주의의 동력'으로, 정당을 '사회 갈등의 조직자 또는 통합자'로 정의하였다. 흔히 갈등을 부정적인 것으로 받아들이지만, 정치학의 관점에서 또는 민주주의 관점에서 갈등이 동력이란 분석은 올바르다. 사회나 국가 의 구성원으로 존재한다면 누구도 갈등 없이는 그 속에 존재할 수 없다. 만일 그런 것이 가능하다면 그것 자체로 그 사회나 국가가 전체주의 체제임이 증명된다.

조지 오웰의 소설 《1984》에서 '2+2=5'라는 산식이 제기된다. 상식이 있는 사람, 예를 들어 소설의 주인공 윈스턴 스미스는 이 등식에 붙어 있는 등호에 당혹감을 느끼지만, 종국에는 이 등식을 진리로 수용하게 된다. 전체주의가 완벽하게 승리하는 순간이다.

반면 민주주의라는 것은, 누군가 '2+2=5'라고 말도 안되는 소리를 했을 때 '2+2=4'라고 정정해줄 수 있는 상태를 의미하며, 비유 차원에서 이야기를 진행하여 누군가 '2+2=5'를 계속 고집하여 '2+2=4'와 갈등을 빚게 된다면 공론장의 토론을 거쳐 올바른 등식을 찾는 과정이라고 할 수 있다. 민주주의는 이런 갈등 때문에 호명되고 탄생하였으며, 동시에 갈등에 기반하여 존립하는 정치체제다. 요약하면 민주주의는 활력 있는 상태이며, 진지한 과정이다.

인민주권이 제대로 실현되려면, 즉 민주주의가 올바로 작동하려면 '갈등의 사회화'가 불가피하다는 것이 샤츠슈나이더의 생각이다. 민주주의 정치체제의 표방에도 불구하고 실제 주권실현에 어려움을 겪는 인민은 '갈등의 사회화'로 그 어려움을 어느 정도 극복할 수 있다. 반면 기득권 혹은 지배계급은 '갈등의 사사화(私事化, privatization)'를 원한다. 특히 기업이나 시장은 갈등이 빚어지면 그것을 자신들이 통제하는 사적 영역으로 국지화하려는 전략을 취한다. 이때 분명히 할 것은 '사회화'와 '사사화'로 구분을 논의할 수 있는 갈등은 '사회적 갈등'이어야 한다는 점이다. '사적 갈등'은 논의의 대상이 아니다.

물론 '사적인 것'과 '사회적인 것'의 경계는 고정적이지 않고 시대 상황에 조응하여 변화하지만, 잠정적으로 '사회적 갈등'으로 간주하는 것만이 논의의 테이블에 올려진다. 래디컬 페미니스트들이 "사적인 것이 정치적인 것이다(The personal is political)"라고 말했을 때, 샤츠슈나이더의 용어로 풀어 쓰면, 여성억압과 관련한 사회적 갈등을 사사화하는 것에 반대하여 갈등의 사회화를 주창하였다고 할 텐데, 그 전에 가부장제 하의 여성억압을 '사적 갈등'에서 '사회적 갈등'으로 격상할 필요가 있었다. 정당론과 같은 정통 학문 분야를 거론하는 정치학자에게 가부장제나 가정을 정치적인 것과 연결 짓기가 가능할 것 같지는 않지만 말이다.

민주주의가 작동하는 사회의 상대적 약자들은 수단만 주어진다면 갈등을 사회화하고자 한다. 공론화가 가능한 범위를 확대하고, 그 갈등에 사회적 관심이 쏠려 많은 사람과 집단, 이해관계자가 개입하게 함으로써 사적 영역에서 '1 대 1'로 맞설 때의 취약함을 극복하기를 기대한다.

사회 갈등을 공적 영역으로 전가하는 것이 민주주의에서 정치의 본질적 역할이다. 그리고 이때 이 핵심적 역할을 정당이 수행해야 한다는 것이 샤츠슈나이더의 견해다. 이러한 샤츠슈나이더의 견해는, 당장 우리나라만 해도 정당에 대해 부정적 이미지가 뿌리 깊은 형편임을 고려할 때 당연히 논란에 직면하게 될 법한데, 이 논란은 나중에 살펴보기로 하자. 지배계급은 정당을 통해서든 무엇을 통해서든 사회 갈등이 공적 영역으로 넘겨지는 것을 막으려 한다. 샤츠슈나이더에 따르면 "정치·정치인·정당을 공격하고 비非당파성에 찬사를 보내는 것은 갈등의 규모를 통제하려는" 이들의 대표적 전략이다.

갈등의 사회화로 정치를 작동하려면, 갈등의 양 당사자 외에 소위 구경꾼으로 분류되는 제삼자의 참여가 전제되어야 한다. 민주주의 정치의 핵심은 대중이 갈등의 확산에 참여하는 방식을 조직하는 것이라고 할 수 있다. 대중과 갈등 간의 관계를 효과적으로 관리하는 과정은 얼핏 유사 마키아벨리즘을 연상시킬 수도 있지만, 정치의 본령임이 분명하다.

앞서 살펴보았듯 당연히 개별적인 갈등은 정치의 대상이 아니며, 갈등의 범위가 사사화를 벗어나 사회화함으로써 정치의 대상이 되면서 그 자체로 정치 현상이 된다. 이후 갈등의 범위를 달라지게 함으로써 예측 불가능성을 높여 예상과 다른 결과를 도출하는 것이 인민의 입장에서 바라본 민주주의 정치다. 민주주의의 제반 원칙에 따라 공론장에 올려 토의하고, 그런 과정을 거치면서 갈등의 범위가 확장되고, 이어지는 결과를 예측할 수 없다는 것이 핵심이다. 결과를 항상 예상할 수 있다면 민주주의라고 말할 수 없다. 사실 결과는 거의 항상 인민의 이익을 침해하는 방향으로 예측된다. 인민의 의지는 다름 아닌 인민의 이름으로 일상적으로 배제되고, 드물게 촛불혁명과 같은 인민주권의 직접적 행사를 통해서 실현된다. 일상적으로 인민주권과 의지가 실현될 수 있는 구조構造를 확립하는 것이야말로 민주주의를 구조救助하는 유력한 방법이다.

여기까지 논의는 일단 그럴듯하게 들린다. 그러나 현실에 입각한 이러한 이론적 모색은 쉽사리 반박에 부딪힌다. 상당수의 사회적 갈등이 공적인 영역으로 제대로 전개되지 못하고 사적인 영역 안에 여전히 묶여있다는 현실론의 반박. '갈등의 사회화'의 선한 의지가 강하다고 하여도 현실에서 '갈등의 사사화'의 사악한 힘이 더 크다면 이러한 논의는 흔히 탁상공론이 되고 만다. 사회의 지평에서 선한 의지는 아주 드문 예외를 제외하고는 사악한 힘을 이기지 못한다. '선한' 의지의 조직화가 '사악한' 힘의 전횡을 얼마나 효과적으로 막아낼 수 있을까.

또 하나, 갈등과 관련하여 관심을 기울여야 한다면, 갈등의 범위에 집중하다 보면 갈등 자체의 가치를 간과하기 쉽다는 것이 아닐까. 가치 측면에서 사회화할 만한 갈등인데도 사사화 영역에 남아있는 갈등이 있는가 하면, 사회화할 만한 가치를 가지지 못했는데도 사회화한 영역에 펼쳐진 갈등이 존재하는 게 사실이다. 특정 계급이나 집단의 이익이 구조적으로 우선 관철되고, 동시에 힘으로써 인민의 갈등 의지를 제압하면서 이같은 상황이 빚어진다고 추측할 수 있다. 샤츠슈나이더는 이러한 우려에 대해 정치의 핵심이 갈등의 수를 줄이고 갈등의 우선순위를 부여하고 대안을 정리하는 것이란 말로 대답을 대신한다. 또한, 이것이 정치에서 최고 권력을 의미한다고 샤츠슈나이더는 말한다.

샤츠슈나이더의 말대로 사회적 공론의 장에 올라오는 갈등의 수를 조정하고, 거기서 우선순위를 결정하며, 이어 대안까지 찾아내는 것이 사실 정치이자 권력의 본성이다. 그렇다면 여기서 또 묻게 된다. 정치하는 사람들은 어떤 존재이며 정치하는 사람들은 누구의 이익에 복무하는가? 이 질문은 정치학의 질문이 아니라 윤리학의 질문이라고 반박할지 모르겠으나, 종국에 윤리와 결합하지 않는 정치는 성립하지 않는 것이 아닌가. ('당분간'이란 단서를 달아야 하는지 모르겠지만) 정치를 인간이 하지, AI가 할 수는 없는 것이 아닌가. 갈등에 대한 분석과 우선순위 설정의 문제는 일리 있는 지적이지만, 그 우선순위를 누가, 어떤 목적으로 결정하는가 하는 고갱이는 빠져 있는 셈이다.

'정치하는 사람들은 어떤 존재이며 정치하는 사람들은 누구의 이익에 복무하는가?' 이 질문은 대단히 중요하다. 대중적인 정치평론에서 흔히 쓰는 말이 프레임인데, 샤츠슈나이더는 갈등(구조)을 비슷하게 사용한다. 정치 전략에서 가장 파괴적인 것이 갈등의 대체라는 말은 신문의 정치면에 종종 오르는 '프레임 싸움'이란 단어를 떠올리게 한다. "지난 선거에서는 ○○○의 프레임에 갇혔다"와 같은 표현에 익숙한 독자라면 샤츠슈나이더의 논의를 편안하게 받아들일 수 있다.

이기는 프레임이 올바른 프레임인가? 갈등을 사회화하여 우선순위에 올리는 것이 정치의 우선 과제인가? 앞선 질문은 이러한 질문으로 대체될 수 있다. 정치에서 소수파가 어리석게도 낡은 갈등 구도를 동결시켜 사실상 영원히 고립된 소수파로 남을 위험을 감수한다면 이 행위는 상당히 어리석고 미련한 것으로 보인다. 그런데도 그동안 해결되지 않았고 앞으로도 '상당 기간' 해결될 조짐이 없지만 가치가 있는 갈등이고, 당장은 그 갈등을 우선순위로 올려서 해결하고 대안을 찾는 게 불가능하더라도 결코 포기할 수 없다면, 그것에 매달리는 소수파의 정치적 의미는 무엇이며 또 희화화하여도 되는가 하는 정도의 의문이 남는다. 우리는 샤츠슈나이더와 함께 민주주의 정치의 답을 찾아가지만, 쌓이는 건 문제라는 곤경에 처하고 있다.

샤츠슈나이더의 갈등 분석은 재미있고 나름의 의미가 있으며 갈등이 서로 경쟁한다는 기본 구도는 현대정치를 잘 꿰뚫어 보았다고 할 수 있다. 한데 이 장章을 읽으면서 여기까지 오는 동안 대부분의 독자가 느꼈겠지만, '쌓이는 문제'가 시사하는 민주주의의 난점 또한 적지 않다. 다소 단순화하였다는 비판의 우려는 있지만, 샤츠슈나이더의 논의는 그의 약간 후대에 경제학 분야에서 유행한 시카고학파의 논의를 연상시킨다. 샤츠슈나이더 논의에서 발견되는 난점은 신자유주의에서 가끔 거론되는 '코즈의 정리'의 난점을 닮을 위험성을 내포한다.

'코즈의 정리'는, 원래 수학자인데 1991년 노벨경제학상을 받은 시카고학파 경제학자 로널드 H. 코즈가 정리한 신자유주의적인 해법이다. 어떤 분쟁이 있을 때 분쟁 당사자의 재산권이 명확하고 소통 비용이 감당할 만하다면 당사자들에게 맡겨놓는 게 최적의 결과를 찾아낼 수 있다는 게 '코즈의 정리'다. 그럴듯해 보이는 '코즈의 정리'의 문제점은 가치 있는 해법과 가치 없는 해법 사이에 차이를 두지 않는다는 것이다. '코즈의 정리'에서는 가치가 배제되고 조정과 선택, 결론을 내는 방식만 거론된다.

샤츠슈나이더의 '갈등이론'은 정치학 이론인 만큼 교환가치를 가치로 등치해 버린 신자유주의 경제학과 달리 가치 자체에 더 깊은 관심을 기울이겠지만, 문제는 현실정치가 '코즈의 정리' 식으로 흘러가더라도 막을 방도가 없다는 데서 발견된다. 현실정치를 설명하고, 어쩌면 개선하는 데 좋은 방식일 수도 있지만, 현실정치의 타락에는 무력하다는 한계를 노정한다. 갈등을 가치 배제적인 기능 현상으로 보지는 않았나 하는 걱정을 거두기 힘들다.

민주주의 : 공공정책에 관한 경쟁적 정치체제

샤츠슈나이더에게 정부는 갈등을 사회화하고 규모를 확대하는 엔진이다. 사회화한, 또는 전국화한 갈등을 통해서 뭔가를 쟁취하는 것이 정치 권력 혹은 정당의 본질이라고 한다면, 역으로 정치는 갈등을 사회화하고 범위를 확대함으로써 그 핵심 엔진인 정부를 장악하는 과정으로도 설명될 수 있다.

샤츠슈나이더에게 민주주의는 대의민주주의이며 정당은 민주주의의 근간으로 설정된다. 그가 설명하는 정당은 극소수의 이익을 대변하는 이익집단과는 달라서, 공익적·사회적인 명분 아래 사회화하고 전국화한 갈등을 통해 이익집단보다 나은 그리고 더 공익적인 대안을 찾으려고 노력하는 조직이다. 또한, 이익집단과 정당은 별개의 과정에 속해 있다고 보았다.

정당을 이익집단과 구별하고 공익적인 대안을 찾으려고 노력하는 조직으로 설정한 데는 미국적인 정신이 반영됐다고 할 수 있다. 미국은 누가 보아도 명백한 계급사회로 출발했지만, 현실의 엄연한 계급 상황을 담론이나 학문에서 반영하지 못하고 정치체제에서도 전면적으로 수용하지 못하면서 사회주의 운동뿐 아니라 계급정당을 키워내지 못했다. 그리하여 민주·공화 양당제의 미국 정치에서 계급의 이익은 '정치적으로' 사장될 위험에 처한다. 예를 들어 노동자의 이익을 직접 대변하는 노동자 정당이 존재하는 유럽과 달리 미국이란 나라에서 계급이익이 구현되는 방식에는 다른 측면이 발견될 수밖에 없다.

다양한 정당론이 있고, 민주주의 발전에 가장 유리하다고 간주하는 정당의 형태 또한 여러 가지로 모색되었지만, 정당의 형태 중에 계급정당을 빼놓을 수는 없다. 계급정당은 국가공동체의 이익과 함께 계급이익을 먼저 대변할 수밖에 없는데 이때 계급이익이라는 것은 밥그릇을 어떻게 나누느냐에 관한 문제, 즉 경제적인 것을 정치화하는 것이어서 이 정당을 샤츠슈나이더가 말한 것처럼 항상 (국가 전체를 위하여) 더 나은 공익적 대안을 찾아내는 조직으로 가정하기는 힘들다.

다행히(!) 미국에는 계급정당이란 게 존재하지 않기에, 정당정치를 제대로 구현하기만 한다면 우선순위에서 공익이 계급이익에 밀리는 사태는 예방할 수 있을 것 같기도 하다. 그렇게 된다면 '코즈의 정리'에 따른 공익적 가치의 침해 문제도 기우로 끝날 수 있다. 그러나 곧바로 또 다른 문제가 제기된다. 통상 계급정당 하면 노동자 정당을 떠올리게 되지만 계급에 노동자만 있는 것이 아니다. 미국 정치에 존재하는 정당이 계급정당이 아니라고 한다면 국민정당이어야 할 텐데, 실제로 국민정당일까. 내건 기치와 달리 내용상으로 특정 계급의 이익을 대변하거나 수호하고 있지는 않은가. 특정 계급이 미국 사회의 기득권을 대표하고 있음은 상식이다. 적어도 미국 주류 정치에서는 그렇다는 것이 나의 직관적 판단이다.

대의민주주의와 정당의 옹호

샤츠슈나이더에 따르면 민주주의는 지도자들과 조직들이 공공정책에 관한 대안을 가지고 경쟁함으로써 일반 대중이 정책 결정 과정에 참여할 수 있게 되는, 일종의 경쟁적 정치체제다. 공공정책에 관한 대안을 두고 경쟁함이 곧 갈등의 사회화인데, 갈등을 사회화하고 갈등을 다른 갈등으로 대체하는 방식으로 서로 정치를 진행하고 펼쳐나갈 조직은 이익집단이 아니라 정당조직이어야 한다는 생각은 샤츠슈나이더에게 확고하다.

샤츠슈나이더의 생각을 다시 확인하면 공공정책에 관한 대안을 가지고 경쟁하는 주체는 지도자와 조직인데, 결국 그것은 정치인과 정당이 되어야 한다. 민주주의가 효과적으로 작동하려면 일반 대중의 역량뿐 아니라 그들의 한계를 참작해야만 한다고 할 때 샤츠슈나이더가 반복해서 지적하였듯이, 정치에 관한 고전적 정의를 가지고 현대의 정치를 해석하기 때문에 정치학이 잘못됐다는 그의 생각과 연결되어 결국 '주체'에서 대중이나 민중, 인민은 배제된다.

민주주의의 주인인 민民 혹은 대중이 주체가 아니라면 누군가가 해야 하는데, 정치영역에서 그들보다 덜 무지한, 또는 정치영역에서 그들보다 더 전문적인 지도자들과 그러한 행위에 특화한 정치조직이 대중·민중·인민의 여망을 수용하는 합당한 방식으로 그들에 대응하는 구조, 즉 대의민주주의를 실현해야 한다고 말한다. 정치에 관한 고전적 정의, 즉 고대 아테나이 민주주의에 대해 샤츠슈나이더는 확고하게 부정적인 태도를 취한다. 고대 그리스 사례에 근거하여 현대 민주주의를 토론하는 것은 난센스이며, 민주주의의 오랜 전제인 치자이자 피치자의 동시성 또는 이중성 개념을 폐기한다. 민주주의를 '인민에 의한 지배'가 아니라 '인민에 의한 통치자 선택'의 체제라고 정의할 때, 뒤에 좀 더 자세히 살펴보겠지만 직접민주주의에 대해 가차없는 사망 선고를 내릴 수밖에 없다. 고대 그리스의 민주주의 사례와 직접민주주의 이론이 민주주의를 오도했다고 샤츠슈나이더는 단언한다.

"TV를 사기 위해 TV 제조 방법을 배울 필요가 없듯이 대중 권력의 한계를 고려하면서도 그것을 가장 잘 활용할 수 있도록 정치체제를 조직하는 방법"을 찾아내는 것이 현대 정치학의 본질이며, 그 답은 짐작할 수 있듯이 정당정치와 대의정치다.

정당정치와 선거제를 결합한 대의정치론은 대리인의 탁월성을 근간으로 하기 때문에 태생적으로 귀족적이고, 요즘 용어로는 엘리트주의적이다. 흥미롭게도 샤츠슈나이더는 영미 철학의 전통보다는 플라톤적인 사고에 닿아 있는 듯이 보인다. 조금 평가절하하여 말하면 영미적인 철학

전통에서 민주주의는 사적 이익에 매몰되어 철학을 부르주아의 대변인으로 만든다. 반면 대의민주주의론을 철두철미하게 지지하는 샤츠슈나이더에게 민주주의는 어떤 마음 상태와 같은 것이다. 동료 시민의 마음속을 떠올려보는 행위에서 시작하여, 우리는 모두 인간이며 바로 인간이기 때문에 더없이 소중하다는 의미에서 우리는 모두 평등한 존재라는 인식. 한마디로 민주주의는 동료 시민에 대한 사랑, 바로 그 사랑에 관한 것이다. 이상주의를 바탕으로 공동체를 우선하는 공익 추구가 샤츠슈나이더가 민주주의의 상像을 그릴 때 함께한다. 그렇다면 플라톤의 《국가》에서 등장한 것과 같은 문제의 소지가 샤츠슈나이더에게서 목격되는 현상은 필연일까. 철인이 아니라 정당이라는 대리인이 정치를 통제하면서 빚어질 배제와 소외의 문제.

샤츠슈나이더의 생각은 요지부동이다. 그는 "사회 하층의 요구와 경험을 이해하고 통합하는 일을 다른 어떤 통치 체제보다도 잘할 수 있다"라는 이유에서 민주주의를 높이 평가한다. 연결되는 논리로 민주주의가 그렇게 작동하려면 '정당'이 필요하다. 그는 "민주주의를 만든 것은 정당이며, 정당 없는 민주주의는 생각할 수도 없다"라고 말한다.

나아가 그 정당은 더 강해져야 한다. 애초에 갈등의 사회화란 모델을 제시했을 때 (민주주의의) 정당은 공직자로 선출되는 데 만족하지 말고, 대안을 조직하고 정치가 무엇을 둘러싼 것인가를 결정할 힘을 발휘해야 한다. "시민은 온전한 주권자가 아니라 절반의 주권자일 수밖에 없다"라고 한다면 그것은 좋은 정치, 좋은 정당이 기능하는 민주주의가 실현되지 않았기 때문이다.

나는 개인적으로 샤츠슈나이더의 이러한 확신이 21세기에 우리가 대면한 현존 정당 체제를 옹호한 것은 아니라고 믿는다. 대의제와 정당정치에 분명 문제가 존재하지만 그런데도 답은 그 밖에서 찾아지지 않고 정당정치, 대의제, 의회 안에 있을 수밖에 없다고 본 샤츠슈나이더의 믿음은, 한국에서 소위 진보 정치학자로 분류되는 최장집 고려대학교 명예교수가 한국의 민주주의를 계속 비판하면서도 끊임없이 정당민주주의 안에서 지금의 민주주의 위기를 극복하자고 주장한 것과 같은 맥락이 아니었을까.

정당의 순기능과 역기능을 떠나서 정당을 소거한 민주주의 정치는 현실적으로 상상할 수 없다. 샤츠슈나이더는 《절반의 인민주권》에서 공공정책 결정에 관한 시장 메커니즘을 전제하는데, 그 시장의 플레이어가 부득불 정당이 될 수밖에 없다고 한다면, 기업들이 경쟁하는 시장에서 기업의 사회적 책임(CSR)과 경쟁 규칙과 심판기능을 요청하듯이, 정당과 관련해서도 정당들이 경쟁하는 정치'시장'에서의 적합한 경쟁 규칙과 정당의 사회적 책임을 요청하면서 합당한 생산성을 낼 수 있도록 변화를 추구 혹은 촉구함은 필수적이다. 기존 방식의 정당정치로는 정말로 곤란하다.

너무나 당연한 이 이야기의 연장선상에서 매우 중요한 문제가 불거지는데, 그렇다면 정당과 관련한 규칙을 누가 만들어야 하느냐는 것이다. 《절반의 인민주권》에는 답이 나와 있지 않지만, 상식적으로 또는 상투적으로 사회적 합의를 통해 도출되어야 한다는 것이 중론이겠다. 기업이 자신이 플레이어로 참여하는 시장의 규칙을 스스로 만들어서는 안 되듯이 정당이 스스로 정당에 대한 사회적 경쟁 규칙이나 유사 시장 메커니즘을 만들 수는 없다. 그러나 기업이 공식적이지 않은 간접적 방식으로 자신과 관련한 시장 규칙을 만들듯이, 정당 또한 스스로 자신이 관련된 규칙을 만든다. 기업과 다른 점은 공식적이고 직접적인 방식을 취한다는 점이다.

정당정치가 대의민주주의의 최종 심급이 되고 심급의 정당성 판단은 사후적으로 받는 데다 유권자들의 주권 행사가 현실정치에서 절반에도 못 미치는 상황에서 이러한 자기 규제 구조는 정당정치의 부패를 상시로 유혹한다. 결국 다시 유권자나 정치인의 의식 또는 윤리 수준의 제고를 운위하거나 직접민주주의의 보완을 검토하게 된다. 정당이 확고하게 공익을 중심으로 운영되게끔 제도적이거나 사회적인 통제 시스템이 만들어지는 방향으로 정당정치를 개혁해야 한다는 이야기는, 따라서 항상 허망하게 들릴 수밖에 없다.

지금의 정당정치 시스템이 과연 공익을 중심으로 돌아가고 있느냐에 관한 계속된 의문에도 불구하고 어쨌든 정당을 버리기는 어려울 것이라고 한다면 시스템 전반의 개혁을 비롯한 대의민주주의 체제의 변혁을 허망함을 무릅쓰고라도 요구해야겠지만, 현실적으론 직접민주주의 장치 같은 다른 방향의 의미 있는 보완책을 찾아보는 게 순리가 아닐까. 샤츠슈나이더나 최장집 같은 강단 정치학자들의 주장대로, 직접민주주의가 소규모 인원이 참여하는 고대 그리스 폴리스에나 적합했지, 지금은 전혀 맞지 않는다는 주장은 과연 유효한 것일까.

직접민주주의는 흘러간 옛노래?

간접민주주의의 명분은 국민국가의 등장과 함께한 정치 규모의 확대에 따른 대리의 효율성과 (나아가) 대리인의 탁월성이었다. 정치 규모의 확대에 따른 대리의 효율성은 오래전에 폐기된 명분이다. 지금 우리는 폴리스보다 서로 훨씬 더 가까운 세상에 살고 있다. 고대 폴리스로는 상상을 불허할 광범위한 지역, 천문학적 인구를 통치대상으로 하는 국민국가 대한민국이지만, 기술발전에 힘입어 아테나이 같은 고대 폴리스보다 더 밀접하고 압축적이며 상호 직접적인 정치가 가능하다.

대리하는 사람이 대리되는 사람들보다 탁월하다는 주장은, 선거라는 고비용의 높은 문턱이 어떤 관점에서는 그러한 탁월성을 변별하기에 여전히 유효하다고 볼 수도 있다. 그러나 바로 문턱, 과도하게 높게 만들어진 문턱으로 인해 대리하는 이들의 탁월성은 대리되는 이들에 대한 우월성과 배타성으로 바뀌었고, 결국 탁월성은 대의민주주의의 효율을 높이는 데 쓰이기보다는 '탁월성 집단'의 이익을 실현하는 것에 악용되고 있다. 탁월성은 사라지고 '탁월성 집단'만 남았다.

따라서 민주주의가 지도자들과 조직들이 공공정책에 관한 대안을 가지고 경쟁함으로써 일반 대중이 정치 결정에 참여하게 하는 것이라는 샤츠슈나이더의 말은, 대의민주주의를 성립케 하는 전제가 무너져가고 있는 지금은, 지도자들과 조직들뿐만 아니라 정치체제 사이에도 경쟁을 도입하여 대중이 정책 결정 과정의 다양한 층위에 참여할 수 있게 해야 한다는 것으로 수정되어야 하지 않을까. 대의민주주의의 기존 방식 외에도 숙의민주주의와 직접민주주의의 다양한 민주주의 방식이 병행 운용되어 서로 경쟁하게 하고 운용과정을 통해 특정 사회에 맞는 민주주의 방식의 적정한 포트폴리오를 찾아내는 것이야말로 죽어가는 민주주의를 살려낼 수 있는 유효한 길이다. 일반 대중의 이익을 보장하고 공공의 의사결정에 실질적인 참여를 가능케 하는 것 말고 민주주의가 우선순위에 놓아야 할 것이 또 뭐가 있는지 나는 전혀 떠올릴 수가 없다.

샤츠슈나이더의 말마따나 대중은, 인민은, 늘 과대평가되거나 과소평가된다. 특정한 영역의 판단에서는 대중은 전문성을 확보한 집단으로부터 도움을 받을 수밖에 없다. 그렇다고 그것이 대중을 판단행위에서 완전히 배제하고 판단행위에 능숙한 대리인을 뽑는 것으로 대중의 판단행위를 제한할 타당한 근거가 될 수는 없다. 문제는 공론의 장, 토론의 장에 전문적인 의견들이 투명하고 공개적인 방식으로 표명돼서 가능한 한 많은 범위의 대중에게 정확하게 전달될 수 있는 체계를 갖고 있느냐다.

대중과 인민을 판단에서 배제하는 이유로 제시되는 공공의사결정의 합리성 부족은 사실 표면적인 이유다. 대의민주주의 존립의 본질적인 이유는 정치를 사사화하고 사익화하여 특정한 계급의 이익을 실현하고 수호하는 것이며, 그러기 위해 권력을 획득하고 유지하며 확대하는 데 있다는 것이 나의 확고한 생각이다. 대의민주주의에 붙어 있는 합리성과 효율성은 거짓 선전이다. 직접민주주주의의 적정한 통제를 받지 않는 대의민주주의는 너무 위험하다.

ICT 기술은 민주주의의 중요한 영감이다. 대의민주주의의 이러한 문제점 때문에 전면적인 '클릭 민주주의'로 패러다임 쉬프트 하는 것은 기술적으론 이제 언제나 가능하다. 그러나 기술을 뺀 다른 여건을 고려할 때 '클릭 민주주의'는 가능하지 않을뿐더러 마찬가지로 위험하다. 마음만

먹으면 얼마든지 대중적인 의사결정이 실시간으로 가능하지만, 모든 걸 대중 혹은 인민이 즉자적으로 판단케 한다면 정치는 소멸한다. 정치는 좋은 판단을 위해 판단 이상의 것을 수행하기 때문이다. 그러므로 앞서 주장한 '민주주의의 적정 포트폴리오'만이 좋은 민주주의를 위한 유일한 해법이다. 어느 수준이 적정한지를 판단하는 최종 심급이야말로 숙의와 토론을 거친 직접민주주의에 따라야 한다. 그러나 그 최종 심급은 동시에 더 나은 판단을 위해 어떤 식으로든 열려 있어야 한다.

'민주주의의 적정 포트폴리오'는 공공의사결정에만 관련되지 않고 정치의 민주성과 안정성 그리고 생산성 간의 균형에도 관련된다. 혼란의 통과의례를 거쳐 전혀 새로운 역동성의 민주주의를 실현할 가능성은 늘 열려 있다. 그것이 현재 불가능한 이유는 불가능하기 때문이 아니라 불가능하기를 바라기 때문이다. 당연히 바라는 세력은 대중이나 민중, 인민은 아니다.

샤츠슈나이더는 보통의 시민을 위해 민주주의가 만들어졌지, 민주주의를 위해 시민이 만들어진 것은 아니라고 말한다. "민주주의는 평범한 사람들을 위한 것이다. 학자연하는 이들이 인민의 자격을 인정하든 말든 상관없이, 그것은 평범한 사람들의 요구에 민감하게 반응하도록 고안된 정치체제다"라고 말하는 그가 (실제 학자이긴 하지만) 정작 자신이 학자연하며 민주주의를 위해 시민이 복무하라고 말하고 있는 것은 아닐까. 민주주의의 핵심은 기능이 아닌 가치인데, 그것은 민民이 국가의 주인이라는, 수천 년 반복되었지만 제대로 지켜지지 않은 가치다. 학자연하는 사람들, 전문가로 불리는 사람들이 망각하는 것이 가치이며, 잘난 척하는 그들은 체계적 무지에 사로잡혀 있다. 최고의 민주주의자는 항상 민民일 수밖에 없기에 제대로 된 인민주권은 민民을 통해서만 가능하다는 명제는 늘 사수되어야 한다.

4장

자유롭게 태어난 인간이 자신을 얽매는 사슬을 끊어내려면
장 자크 루소 《사회계약론》

장 자크 루소(Jean Jacques Rousseau, 1712~1778)는 서구
계몽주의 시대를 대표하는 사상가다. 그러나 루소에게서
는 그 시대의 다른 계몽주의 사상가들과는 다른 사유의 결
이 목격된다. 계몽주의(啓蒙主義, Enlightenment)라는 용어
자체에는 어둠을 몰아내고 불을 밝힌다는 뜻이 들어있는
데, 계몽주의에서 말하는 이 '불'은 인간 이성을 의미한다.
루소가 계몽주의 사상가임은 분명하지만, 그를 단순히 그
시대 이성 신봉자의 하나로 뭉뚱그리기에는 무리가 따른
다. 단적으로 "자연으로 돌아가라"라는 그의 유명한 말에

서 이성주의자를 상상하기는 힘들다. "인간을 고립시키는 것은 철학"이라는 루소의 지적까지 듣게 되면 그를 계몽주의 사상가로 부르는 게 맞나 하는 생각이 들 정도다.

　루소는 크게 보아 볼테르와 같은 계몽주의 사상가들과 뜻을 같이했다고 할 수 있지만, 계몽주의의 동지들을 비판하는 데도 주저하지 않았다. 그러한 사실에서 오히려 루소를 진정한 계몽주의자라고 부를 수 있는 근거가 발견되는 건 아닐까. 계몽의 빛이 진정한 빛이 되려면 비非이성의 세계에 빛을 비추는 데 만족하지 말고 이성 안의 어둠에도 빛을 비추어야 하기에, 루소에게 칠두철미한 세몽주의자라는 칭찬을 돌려도 좋겠다. 또는 루소가 철두철미한 계몽주의자라기보다는 그의 내면에 원초적으로 존재하는, 화해할 수 없는 갈등과 존재론적 상충이, 겉으로 보기에 모순적인 사유로 분출하였을 가능성이 있다. 어느 것이 정답이든, 혹은 두 가지가 모두 정답이든, 루소가 계몽주의자로서 인류에 남긴 유산이 지대하다는 것에는 이론이 없다.

　루소는 1712년 제네바에서 태어났다. 의학이 발달하지 못한 그 시대에 종종 그러했듯 루소의 어머니는 그를 출산하고 얼마 후 숨졌다. 아버지와 고모 손에 양육된 어린 루소는 시계 수리공인 아버지가 일할 때 책을 읽었다고 한다. 루소가 10살이 된 1722년, 퇴역한 프랑스 군인과 싸움을 벌인 후 처벌을 두려워하여 아버지마저 제네바를 떠나면서 루소는 고아나 다름없는 신세가 된다. 이후 이곳저곳에서 더부살이를 전전하다가 16살에 우연찮은 계기로 고향 제네바를 떠나 방랑자의 삶을 살게 된다.

루소는 북부 이탈리아, 프랑스의 여러 지역을 여행하면서 다양한 경험을 쌓았다. 제네바를 떠나자마자 만난 프랑수아즈-루이즈 드 바랑 부인은 그의 젊은 날의 후견인이자 '어머니'였으며 애인이기도 하였다. 10여 살 위인 바랑 부인과 맺은 관계는 루소의 젊은 날과 삶 전반에 적잖은 영향을 미친다. 서른 살 무렵에는 악보의 필경사筆耕士 일을 하면서 파리에 정착하여 음악 관련 저술을 하고, 작곡으로 성공을 거두었다. 루소는 당대의 계몽주의자들인 디드로, 달랑베르 등과 교류하면서 그들이 편집자로 있는《백과전서》의 음악 관련 항목을 집필하였다. 근대 교육론인《에밀》이나 프랑스혁명 하면 반드시 언급되는《사회계약론》(1762) 등의 저술 활동은 널리 알려졌지만, 루소가 음악과 관련하여 활동하였다는 사실은 일반적으로 덜 거론되는 편이다.

《에밀》은 루소와 관련하여 가장 비판적으로 언급되는 저술이다. 루소는 파리에 살면서 세탁부 테레즈 라바쇠르를 만나 다섯 명의 아이를 낳았지만 모두 보육원에 보냈다. 근대적 교육론인 《에밀》을 쓴 저자가 자신의 자식들을 모두 보육원에 맡겨 버린 사건은 당대뿐 아니라 후대에도 루소와 관련하여 사람들의 입방아에 자주 오르내린 스캔들이었다. 《에밀》이 미친 영향이 큰 만큼 이율배반적인 그의 행동은 더 논란거리가 되었다. 아이들을 버린 것은 가난 때문으로 알려졌는데, 그런데도 루소가 죄책감에서 벗어날 수는 없었다. 루소는 자신의 과오를 자인하고 그 일로 통한의 눈물을 쏟았음을 고백한다. 모두 불가피한 사정이 있었겠지만, 아버지에게서 버림받은 루소가 나중에는 제 자식을 버려 마찬가지로 비정한 아버지가 된 인생유전이 여기서 목격된다.

루소는 특이하게도 《고백록》이나 《고독한 산책자의 몽상》과 같은 저서를 통해 자신의 치부를 거리낌 없이 드러냈다. 사회의 모순을 성찰한 사상가로서 자신 삶의 모순에 대해서도 비판을 서슴지 않았다는 점에서 그는 작가 중에서 매우 특이한, 혹은 엄격한 유형에 속한다고 할 수 있다. 자신에 대해서도 철두철미하게 계몽주의자의 태도를 보였다고 할까, 아니면 강한 자의식이 발현되는 특이한 방식일 따름이었다고 해야 할까.

루소는 1762년에 《사회계약론》과 《에밀》을 연이어 출간하였다. 《에밀》에서 루소는 "인간을 사회적인 존재로 만드는 것은 바로 그 약함이다"라며 "우리 자신의 나약함으로부터 우리의 덧없는 행복은 생겨난다"라고 말한다. 《에밀》과 《사회계약론》에 걸친 통찰에서 루소는 자신 또한 사회적 존재의 하나로 나약하지만 덧없는 행복을 추구하였음을 내비친다.

후대에 그를 불멸의 사상가의 반열에 오르게 한 《사회계약론》과 《에밀》은 출간 당시에는 그를 곤궁으로 몰아넣었다. 《에밀》에 포함된 종교와 관련된 기술이 큰 논란을 일으키며 이 책은 판매가 금지되었고, 나아가 구속될 처지로 몰리자 루소는 스위스로 도망갔다. 그러나 루소의 고향 제네바에서도 《에밀》과 《사회계약론》은 판매금지 목록에 오르게 된다. '주변인'과 '방랑자'가 그에게는 운명이었을지도 모르겠다. 그런데도 자의식이 강한 사상가 겸 작가로서 그가 내재성에 함몰되지 않고 자신만의 독특한 경로로 끊임없이 초월성을 향해 나아갔음은 분명하게 확인된다.

일반의지

자신 내면과 삶의 모순을 꿰뚫어 보려고 애쓴 루소에게 사회의 모순이 보이지 않았을 까닭이 없다. 《사회계약론》에서 루소는 "인간은 자유롭게 태어난 존재인데, 지금은 어디에서나 사슬에 얽매여 있다"라고 말한다. 루소에게는 자연과 사회의 대비라는 이분법적 사고가 목격된다. 자연은 인간을 선하게 만들지만, 사회가 인간을 사악하게 만든다. 인간이 사슬에 얽매이게 되는 건 사회 안에 살기 때문이다. 새로운 사상과 제도를 도입해 사회를 개혁함으로써 사회 안에서 인간을 계몽하고 (나아가) 계몽된 세계를 모색한 볼테르 등 동시대 사상가들에게 루소의 이러한 이분법적 사유는 구시대에 속한 낡은 가치를 온존케 할 가능성을 갖는 것으로 비칠 수 있어 불편한 것으로 여겨졌다.

《사회계약론》보다 7년 빠른 1755년에 발간된《인간불평등 기원론》은 인간불평등의 기원이 사유재산 제도에 있다고 논파하였는데, 이 책의 사유는《사회계약론》에 계승된다. 《인간불평등 기원론》과 관련하여 볼테르가 "당신의 저작을 읽으면 사람은 네 발로 걷고 싶어질 정도입니다"라고 (루소에게) 비아냥거린 일화는 '정통' 계몽주의자들과 루소 사이의 갈등을 보여준다. 그런데도 계몽의 시대가 열린 것에, 또한 프랑스혁명이 발발한 것에도 루소의 기여가 가장 컸다는 게 중론이어서 여러모로 흥미롭다.

일반의지와 사회계약을 다룬《사회계약론》으로 알려진 루소 책의 원제목은《사회계약, 또는 정치권의 원리》다. 인민주권의 원리에 입각한 근대 민주주의 국가의 청사진을 제시하였다는 점에서 이 책은 근대 정치학의 기념비적 저서가 된다. 주권자인 개개인의 합의에 따르는 국가의 성립과 일반의지에 따르는 국가 운영원리는 지금도 유효하다.

여기서 잠깐 시선을 도버해협 건너편 영국으로 옮기면 전혀 다른 사상의 흐름을 목격하게 된다. 불가피하게 루소의《사회계약론》과 비교되는 토마스 홉스의《리바이어딘》이 정확히 111년 앞서 1651년에 출간되었고, 자유주의 경제사상의 비조인 버나드 맨더빌(1670~1733)이 《꿀벌의 우화》 개정판을 낸 게 1723년(1714년에 낸 초판은 큰 주목을 받지 못하였고 개정판은 '악명'이긴 하지만 맨더빌에게 하루아침에 명성을 가져다주었다)이며, 애덤 스미스(1723~1790)는 루소가 사망하기 2년 전인 1776년에 《국부론》을 펴냈다. 그리고 1789년 프랑스혁명 발발 직후인 1790년에 에드먼드 버크(1729~1797)는 《프랑스혁명에 대한 성찰》을 출간하였다.

계보를 일별하는 것만으로 도버해협 북쪽의 상황이 해협 남쪽과 판이하였음을 쉽사리 알게 된다. 이 시기 영국의 이른바 자유주의 사상은 보수성의 색채를 띠며 프랑스의 도도한 혁명성 및 민중의 격정과 좋은 대비를 보였다.

현대 세계의 큰 뼈대는 이 시기 도버해협의 북쪽과 남쪽에서 유래했다고 보아야 한다. 경제적인 뼈대는 주로 북쪽에서, 정치적인 뼈대는 주로 남쪽에서 그 기원을 찾을 수 있다. 이 두 가지를 묶어서 근대를 연 이중 혁명으로 설명하려는 시도는 그리하여 적절한 방법론이 된다. 에릭 홉스봄이 대표적이다. 근대 및 현대 사회에 대한 루소의 기여는 그러한 큰 그림에서 이해되어야 한다. 지적하고 넘어가야 할 것은, 두 가지 중에 '도버해협 북쪽' 요인이 더 결정적이었고 그것이 우리 시대 불행의 중요한 원인이 되었다는 사실이다.

《사회계약론》의 일반의지를 논할 계제에서 잠시 옆길로 빠져 살펴본, 도버해협 북쪽에서 발전시킨 논리는, 개인에게 자유로운 사익 추구를 장려함으로써 사회 전체의 이익이 향상될 것이라는 (사실상 근거가 없는) 믿음이었다. 사익이 공익으로 전환되는 마법의 이데올로기를 우리 시대에는 신자유주의라고 부른다. 동시에 '경제학의 아버지'란 영예를 안은 애덤 스미스는 흔히 신자유주의의 원류로 지목된다. 스미스에게서 우리 시대 경제 패러다임의 근원과 한계를 짐작할 수 있다. 정작 스미스는 자신이 《도덕감정론》의 저자로 불리기를 원하였기에 《국부론》의 저자이며 신자유주의의 비조로 추앙받는 것을 달가워하지 않았으리라고 짐작할 수 있다.

'신자유주의의 비조'가 명예스러운 호칭인지 불명예스러운 호칭인지 그리고 이 호칭에 대한 스미스의 호불호를 논의하기에 앞서 사실관계를 따져볼 필요가 있다. 그랬을 때 '비조' 자리는 현재 널리 퍼져 있는 통념(스미스)과 달리 앞서 살펴본 버나드 맨더빌에게 돌아가게 된다. 수다한 근거가 존재하지만, 맨더빌의 《꿀벌의 우화》라는 책의 부제가 '개인의 악덕, 사회의 이익(private vice public benefit)'이라는 사실만으로도, 만일 그러한 게 있다면 '비조' 논쟁은 결말에 다다른다. 경제학의 아버지까지는 몰라도 신자유주의의 비조는 분명 맨더빌이다.

루소의 일반의지는 도버해협 북쪽과는 확연히 다른 계열에 속한다. 일반의지라는 용어에서 어쩔 수 없이 공동선을 떠올리게 되는데, 이러한 생각은 서양 철학과 정치사상에서 그리스로 소급되는 오랜 뿌리를 갖는다. 도버해협 북쪽보다 해협 남쪽에서 확실히 공동선에 더 집착하는 경향을 보인다. 사실 공동선 또한 신자유주의 이데올로기와 동일하게, 분명한 실체라기보다는 하나의 믿음이라고 할 수 있다. 루소의 논리 전개가 어떠하든, 공동선이라는 것이 '주어져서' 선험적으로 존재한다고 간주할 수 있어야만 일반의지가 성립한다.

공동선이 부재한 채 이익의 상충과 계급의 적대를 간신히 봉합하며 힘의 논리로 사회 같지 않은 사회를 그저 연명치료처럼 끌고 나갈 뿐인 지금과 루소의 시대는 달랐다.

공동선에 기반을 둔, 혹은 공동선과 관련된, 어쩌면 공동선 그 자체인, 독립된 하나의 별처럼 가장 빛나면서 구성원 모두가 바라볼 수 있는 실체로서 일반의지라는 것이 가능하다고 루소와 루소의 동시대인은 믿었다. 더 나뉘지 않는 사회의 최소 단위인 개인들이 하나의 별을 바라봄으로써 하나의 시선으로 통일될 수 있다고 한다면, 시선의 통일이라는 그러한 합의된 행위를 통해 개인[14]들이 단순 합 이상이 되는 것 그리고 개인들이 성취한 단순 합 이상에서 그 집단의 정체성과 그 집단 구성원들에게 가장 유익하고 유의미한 집단의 방향타를 창출하였을 때 그것이 일반의지다.

일반의지는 흔히 말하는 시대정신과는 다르다. 성서학이나 문예학에서 흔히 말하듯 태초의 통일성이 깨지고 세상이 분열된 상황에서 특정 사회구성원들의 이념·방향과 관련되어 새롭게 총체성으로 구현한 공유물이 일반의지다. 반면 시대정신은 총체적인 개념이라고 할 수 없다. 시대정신은 보편적인 진보의 주요한 흐름의 단락이라고 보면 타당하다. 굳이 따져서 두 개념 사이에 차이가 있다

---

14) 영어로 'individual'(라틴어 individuum)은 '더 나누어지지 않는 것'을 뜻한다. 예를 들어 분대를 나누면 여전히 인간이 발견되지만 개인을 나누면 더는 인간이 아니다.

고도, 없다고도 할 수 있지만, 시대정신에서 일반의지를 구별해내야 하는 이유는 일반의지가 갖는 총체성 때문이다. 말하자면, 프랑스혁명기의 시대정신이 프랑스의 일반의지를 호출했다고 표현할 수는 있지만, 그 반대는 불가능한 게, 일반의지는 시대 너머에 존재하는 개념이기 때문이다. 반면 모든 시대는 그 시대의 긴급하고 당면한 진보의 요청을 시대정신으로 표출하게 된다.

일반의지의 이 총체성에 힘입어야만, 개인들이 개인의 특수의지를 초월하여 사회계약을 통해 일반의지를 실천할 수 있는 특정한 정치체제를 만들어낼 수 있고 (나아가) 이 체제에 복종하고 복무할 수 있게 된다.

여기서 프랑스적인 공화주의 전통을 떠올릴 수 있다. 공화주의자가 국가에 헌신하는 이유는 공동선에 입각한 공화국이 존재한다는, 혹은 성취하여야 한다는 믿음 때문이다. 루소가 일반의지로 표현한 것에서 프랑스인들은 일반의지가 작동하는 공화국을 꿈꾸게 되었고 그것이 프랑스혁명 동력원의 하나가 된다. 일반의지를 창출하고 그것에 기꺼이 복무하기 위해 공통의 이념 아래서 개인들은 충성을 바치게 된다. 그 충성은 군주에게 바친 것과 비교를 불허한다. 일반의지로 성립된 공화국은 나의 국가이자 우리의 국가이기에 공화국에 대한 충성은 나에 대한 충성이 된다.

루소처럼 사회계약에서 일반의지를 생각한다면 응당 공화국이 논리적 귀결이겠지만, 홉스처럼 사회계약에서 리바이어던을 생각한다면 공화국이 논리적 귀결로 제시되기는 어렵다.

공화주의

특수의지는 사익과는 다르다. 현대를 사는 우리에게 뿌리내린 "공짜 점심은 없다"라는 식의 사고체계는 모든 것을 경제화하고 계량화하여 특수의지에서 사익이 아닌 것을 상상할 수 없게 만들었다. 그런데도 특수의지에서 가장 큰 부분은 사익일 가능성이 크다. 일반의지에 따라 작동하는 공화국이라면 역설적으로 모든 구성원의 사익을 철저하게 보장한다. 물론 이 사익이라는 것은 탐욕과는 다르다. 《사회계약론》은 토지 소유, 재산의 차등 정도에 대해 평등 원칙에 근거한 구상을 내어놓는다. 부를 평등하게 나눠 가진 세상은, 누군가 타인의 인신을 살 수 있을 정도로 부유하지 않고 반대로 자기 몸을 팔아야 할 정도로 가난하진 않은 세상이다. 물론 역사에서 한 번도 실현된 적이 없는 세상이다. 플라톤은《법률》에서 어떤 시민도 최소 재산의 5배 이상을 소유해서는 안 된다고 주장한 적이 있다.

공화주의 공동체는 일반의지 속에서 구성원들이 서로를 신뢰하는데, 그 신뢰라는 것은 크게 보아 일반의지에 함께 복무하는 동지적인 신뢰와, 같은 공동체 구성원으로서 갖게 되는 친밀성의 신뢰로 구성된다.

특수의지와 사익의 관계는 일반의지와 전체의지의 관계와 비슷하다. 전체의지는 특수의지의 단순한 총화總和이다. 그러므로 잘못된 전체의지가 가능하고, 역사에서 그러한 예는 종종 목격되었다. 하지만 일반의지는 "항상 올바르고, 항상 공공의 이익을 목표로 한다"라고 할 때 '전체의지+α'의 구조를 취하게 된다. '비슷하다'라는 설명에서 오해가 있을 수 있어 부연하면, 특수의지가 항상 올바르고 공공의 이익을 목표로 하는 것은 아니다. '+α'의 구조를 취한다는 점에서 비슷하다.

일반의지가 작동하는 공동체에서는 '최소한의' 사익을 구성원 모두에게 '최대한으로' 보장하려 하겠지만, 일반적으로 운위되는 사익이나 (나아가) 자본주의에서 추앙받는 탐욕의 보편적 보장은 구조적으로 불가능하다. 따라서 과도한 사익(추구)이 제한되지만 그러한 제한을 통해 전체의 이익을 극대화하고 공동선을 실현하는 공화주의적인 방향이 설정된다. 맨더빌의 '개인의 악덕=사회의 이익'이란 등식은 폐기된다. 사회의 이익을 위한 개인의 미덕이 전제되고, 동시에 사회는 개인의 이익을 보장한다. 그러므로 분명히 할 것은 이때 전체의 이익을 극대화하기 위해 개인들의 이익을 결정적으로 침해하지 않아야 한다는 점이다. 그러한 상황은 공동선의 이념에 배치된다.

열광, 헌신, 충성 등과 같은 덕목은 자연스럽게 일반의지에 결부된다. 왕이나 조국에 대한 충성에 비해 일반의지에 결부된 이러한 덕목은 더 큰 정당성을 갖는다. 앞서 지적하였듯 일반의지를 체현한 공화국은 우리의 국가이자 나의 국가이기에 공화국에 충성하는 것은 개인의 삶의 의지와 일치한다.

아마도 러시아혁명에서 레닌과 그를 추종하는 혁명가

집단은 일종의 일반의지를 찾는 과정으로 혁명을 설명했다고 할 수 있다. 역사에서 한 번도 실현된 적이 없지만 바로 그러한 사실로 인해 차르의 특수의지만이 작용하는 러시아의 암울한 상황을 대체할 확실한 미래상으로 제시될 수 있지 않았을까. 누구나 미래가 현재와 다르기를 바라고, 현재가 더 암울할수록 미래는 더 찬란하기를 바란다. 차르의 특수의지를 폐기할 민중의 일반의지는 프로파간다를 능가하는 힘을 가졌다. 그러나 러시아혁명기에 볼셰비키가 추구한 일반의지가 실제 일반의지였는지는 불확실하다.

단순화하여 설명하면 러시아혁명에서 사회주의 혁명가들은 일반의지를 내걸고 혁명을 추진했고, 그런 명분으로 민중을 동원했지만, 실제 혁명 과정과 그 이후 '일반의지'의 전개 과정에서 그들만의 특수의지가 실현됨으로써 일반의지를 배신하는 것으로 귀결하였다고 할 수 있다. 일반의지 대신 특수의지만이 계승되었는데, 관철되는 특수의지의 주인만이 바뀌었을 뿐이다. 어쩌면 일반의지를 추구하는 과정에서 단지 '변질'되었을 뿐일 수 있지만, 결과론으로 러시아혁명의 일반의지는 전체의지에도 못 미친 것이었다는 요약을 피하기 힘들어 보인다.

루소가 지적하였듯 일반의지는 불가피하게 공화주의와 관련된다. 공화주의는 서구 유럽 정치철학의 한 갈래 전통이고 프랑스혁명 이후에는 프랑스의 전통이기도 하다. 루소는 "나는 법으로 다스려지는 국가를 그 행정 형식이 어떻든 모두 공화국이라고 본다"라고 말했다. 법치가 후대에서 어떻게 왜곡되는지를 미처 보지 못한 루소에게 법이란 곧 일반의지일 수 있었겠고, 그러므로 그러한 때에 "공적인 이익이 지배하고 공적인 일이 경시되지 않게 된다"라고 단언할 수 있었을 것이다. 루소에게 공적인 이익이 지배하고 공적인 일이 경시되지 않는 정체는 공화국이었다. 《사회계약론》에서 환기된 공화주의는 프랑스혁명을 내내 지배하고 이후 프랑스 정치사상사와 현실정치에서 커다란 영향력을 행사하며 끊임없이 반복되었다.

일반의지와 공화주의는 절대왕정을 무너뜨리는 데 혁혁하게 기여하였지만, 절대왕정이 무너진 이후에는 프랑스든 러시아든 어디서든 깔끔한 활로를 열지는 못했다. 예를 들어 일반의지가 작동하는 공화국이라면 국가가 국민교육에 권리와 책임을 행사하는 것이 올바르다고 할 수 있으나, 현실에서는 찬반 토론이 끊임없이 반복되었다. 공화주의 전통이 살아있는 것으로 간주하는 국가에서는 당연히 일반의지를 실현하는 체계적인 공적 교육시스템이 필요하다고 정부가 주장한다. 교육공학적인 고려나 효율성을 논외로 하더라도 이러한 주장에 대한 반론이 잇달아 제기되었는데, 그것은 국가가 표방한 일반의지가 정말로 일반의지인가의 문제와 설령 납득할 만한 일반의지가 표명되었다 하더라도 공공정책 과정에서 실제로 실현되고 있느냐 하는 의구심이다. 일반의지의 검증 문제가 대두된 것이다. 절대왕정처럼 특수의지가 사회와 국가를 지배하는 상황에서는 특수의지의 안티테제로서 일반의지가 충분히 유효하게 제기될 수 있지만, 절대왕정이 무너진 다음에는 다음 단계, 즉 말하자면 변증법적 지양이든지 아니면 검증이든지 하는 매우 어려운 관문 앞에 서게 된다.

혁명이 끝난 다음에, 절대왕정을 넘어서고 난 다음에 일반의지를 강조하면 전체주의를 불러들이려는 것이냐는 오해에 직면하곤 하였다. 특히 근대 이후의 대의제 민주주의라는 것이, 개인들이 특수의지를 지양함으로써 일반의지를 구현할 수 있다는 총체성의 원리를 폐기하고, 대신 개인이 아닌 이해관계자 집단 사이의 '특수의지'를 조정하는 것으로 국가의 기능을 격하하였기에, 지금 일반의지를 말한다면 더더욱 전체주의란 오해를 살 수밖에 없게 되었다.

공화국이 사라지고 민주주의 국가라는 이름 아래 자본주의적 금권과두제가 사회를 지배하는 상황에서 일반의지는 오래된 아름다운 화석처럼 기억되고 있다.

사회계약

전체주의라는 용어는 부정적으로 사용된다. 특히 한나 아렌트가 《전체주의의 기원》에서 나치즘과 볼셰비즘을 전체주의 국가로 꼭 집어 지목하면서 전체주의는 사악한 정치체제로 낙인을 받았다. 그러나 공화주의가 총체성, 일반의지 등과 결부된 '전체주의'는 근대에서 하나의 이상이었다.

자유의지에 근거한 개인의 동의 아래 전체로서 하나의 대의와 일반의지로 작동하는 세상. 그것은 근대의 많은 혁명가의 꿈이었다. 개인들이 개별적으로 흩어져 고립되어 살아가는 모습은 혁명의 밑그림에 포함되어 있지 않았다. 개별화하고 파편화하는 모습은 적어도 프랑스적 사유에선 기피되었다. 그러한 세상의 전제는 사회계약이다.

《사회계약론》은 "인간은 자유롭게 태어났다. 그러나 어디에나 인간은 사슬에 묶여있다"로 시작한다. 그러므로 이 책에서 루소의 작업은 "사슬에 묶여있는" 인간 세상이 도래한 이유와 해법을 찾는 것이라고 쉽게 짐작할 수 있다.

사슬에 묶이는 예속 혹은 노예 상태가 자발적 동의 때문에 일어날 리가 없다고 한다면, 오직 다른 인간을 사슬에 묶는 권력의 억압에 의한 것임은 자명하다. 그런데도 루소는 "자유를 포기하는 것은 인간이기를 포기하는 것이고, 이러한 포기는 인간의 본성과 양립할 수 없다"라며 주체의 입장에서 논의를 이어간다. 물론 자연에 머물러 있으면 인간은 평등하고 자유를 지킬 수 있다. 그러나 물질적 생활의 향상을 위해 인간이 소유물을 갖게 되고 사회를 형성하게 됨으로써 불평등에 노출될 뿐 아니라 자유마저 침해당한다. 자신의 이익을 침해당하지 않으면서 공동체의 일원으로서 자유를 누릴 방법을 모색한 끝에 루소는 '사회계약'을 제안하고, 고대 그리스 민주주의와 근대 계몽주의를 관통하는 원리에서 "사슬에 묶여있는" 상태에서 벗어날 답을 찾는다. 사회의 모든 구성원은 자신의 개별적인 힘과 권리를 일반의지로 작동하는 공동체에 맡기고 일반의지라는 권위 아래서 공동으로 자신의 권리와 힘을 행사하는 체제. 이것은 리바이어던이 아니라 공화국이며, 이 공화국에서 시민은 주권을 행사하는 치자治者이고 동시에 일반의지의 공화국 법에 복종하는 피치자被治者가 된다.

치자이자 피치자이고, 주권자이자 주권의 지배를 받는 존재라는 이중성은 그리스 민주정의 일반 전제이며, 실제로 고대 아테나이에선 민주주의가 꽃피우기도 하였다. 그러나 고대 그리스의 폴리스는 노예제에 기반한 기형적 사회였기에, 폴리스의 그 민주주의가 '항상'은 아니지만 대체로 이상적으로 작동하였다 하여도 사회 자체가 "사슬에 묶여있는" 체제여서 사회계약에 입각한 이상사회라고 부르긴 힘들다. 루소 이후 근대의 민주주의는 아테나이 민주주의와 다른 양상으로 전개되었지만, 이 또한 치명적인 결점을 드러냈다. 근대의 민주주의는 루소의 기대와 달리 "사슬에 묶여있는" 상태를 타파하지 못하였고, 대신 보이고 느낄 수 있는, 말하자면 쇠로 된 사슬을 보이지 않고 느낄 수 없는 사슬로 바꿔치기하였다.

　그런데도 주권재민을 천명하며 사회계약에 따른 주권자의 이중성을 설정한 데서 루소의 정치사상사적 기여가 발견된다. 주권자의 이중성은 주권자의 총체성이기도 하다. 특수의지와 일반의지는 공화국에서 하나로 통합된다. 또는 통합이 공화국을 가능케 한다고 할 수 있다.

　이중성은 복잡한 양상으로 전개된다. 치자와 피치자는 일반의지를 통해 이념 수준에서 통합되지만, 현실정치에서는 분열된다. 즉 통합에서는 특수의지를 일반의지에 총체적으로 투입하지만, 분열에서는 일반의지로부터 개별적으로 배제된다. 치자와 피치자의 이념적 통합은 현실정치 과정에서 이처럼 분열의 지속적인 위험에 노출되는데, 루소 또한 헤겔과 마찬가지로 이념적인 것은 현실적이어야 하고 현실적인 것은 이념적이어야 하기에 개별 인간에게 자유를 위한 강제라는 역설적 개념을 설정한다.

　그러므로 '자유를 위한 강제(forced to be free)'는 사회계약의 핵심개념이다. 자유로 강제된 근대인의 운명은 철 지난 과대망상이나 탈출 불가능한 우울증 사이에서 줄타기하는 형국으로 판명되고 있는데, 어쩌면 어렴풋하게나마 루소는 이 역설이 초래할 불행한 결과를 짐작하였지 싶다.

《사회계약론》에는 이 역설이 초래할 불행을 미연에 방지하기 위해 루소가 고심한 흔적이 엿보인다. 그 해답은 평등이다.

루소는 (최초의) 인간이 평등하다고 보았다. 홉스, 로크 등도 인간이 자신의 행복과 자유·평등을 추구할 권리, 말하자면 자연권을 가진다는 데 의견을 같이했다. 루소의 사회계약은 평등이라는 이 자연권을 강화하는 방향으로 모색된다. 자연적 평등을 파괴하는 것이 아니라 사람들 사이에 있을 수 있는 육체적 불평등 같은 자연적 불평등을 도덕적이고 법률적인 평등으로 바꾸어 놓는다. 사람들은 체력이나 정신에 있어서 불평등할 수 있지만, 약속이나 권리에 의해서 모두 평등해진다는 논리. 공화주의의 이념이 사회계약이란 개혁을 통해 구현할 사회적 인간의 모습이었다.

예를 들어 전前근대 사회에서 장애인은 특별한 신분을 타고나지 않는 한 사회에서 같이 살아가기 힘든 존재였다. 더 극단적인 예를 들어, 맹수들과 공존하는 미개 상태에서 장애인은 자연법칙에 따라 어쩔 수 없이 도태되거나 희생되었지만, 근대화를 진행한 지구촌의 현대 사회에서는 장애가 큰 문제가 되지 않는다. 문명의 징표는 높다란 현대식 첨단빌딩이 아니라 그 빌딩에 설치된 장애인 통행로다. 과거 물리력에서 떨어지는 사람들이 약하다는 이유로 소외되었지만, 이제 동등한 사회구성원으로 시민적인 권리를 향유하면서 공동체 안에서 배제되지 않고 살아가는 모습은 생산력과 정신을 아우르는 문명의 확실한 징표다. 루소는 분명 그렇게 말하였을 것이다. 사회계약을 통해서 일반의지가 작동하는 이러한 공동체를 만들고 유지하고 발전시키자고. 같은 사회계약을 통해 홉스가 괴물을 불러냈다면 루소는 천사를 불러내려 한 것이라고 할 수 있다. 천사까지는 과장이지 싶고, 이상적인 구상이라고 해두자. 홉스의 현실적인 구상마저 현실에서 사실상 거부되었다고 할진대, 루소의 비현실적인 구상이 실현되기는 더 어려웠다. 물론 홉스와 루소 구상의 일부는 실현됐다고 볼 수 있지만, 그들 사유의 정수가 포함됐다고 볼 수는 없다.

루소도 천사를 현실로 초대하는 일이 매우 어려우리라는 점을 인식한 듯하다. 루소는 "나쁜 정부 아래서 이 평등은 겉보기만의 환상일 뿐이다. 그것은 가난한 사람을 비참한 상태로 몰아넣고 부자를 부당한 자리에 앉히는 데에만 도움이 된다"라고 말한다. 그러므로 루소는 "사회상태가 사람들에게 유리하려면 모든 사람이 얼마 만큼씩은 갖고 아무도 너무 많이 갖지 않는 한에서"란 단서를 단다.

루소는 《인간불평등 기원론》에서 불평등이 사유私有 때문에 생겼다고 보았다. 따라서 루소의 사유체계에서 평등을 구현하려면 사유에 통제를 가하는 수밖에 없게 된다. 어떤 토지에 울타리를 두르고 '이것은 내 것이다' 선언하는 일, 즉 포괄적 의미의 인클로저를 비판하며 루소는 말뚝을 뽑아내고 개천을 메우라고 선동한다. "열매는 모든 사람의 것이며 토지는 개인의 것이 아니다"라는 루소의 생각은 지금으로선 급진적으로 보일 듯하다. 그의 공화국은 공산주의적인 이상을 실현한 정체에 가깝다. 루소가 자유를 강조하지만, 그것 못지않게 평등을 강조한 것은, 평등 없는 자유가 공염불이란 사실을 잘 파악하였기 때문일 것이다.

'자유를 위한 강제'의 전제조건은 평등이 되어야 함을 루소는 통찰하였다. 정치적 평등은 경제적 평등과 동전의 앞뒷면을 이루며, 이러한 전제가 충족된 상태에서, 즉 모든 사람이 자유로운 시민으로서 일반의지에 스스로 복속할 때 모두가 고양된 자유를 공유하게 되리라는 비전을 제시하였다. 정치적 권위에 정당한 근거가 부여될 수 있는 조건을 설정한 셈이다.

이렇게 평등은 다시 자유를 강력하게 뒷받침한다. 루소는 영국 사람들이 자신들이 자유롭다고 생각하는 것처럼 보이는데, 이것이야말로 착각이라고 전제하며, "(영국인들은) 의회 의원 선거가 있을 때만 자유로울 뿐이다. 선거가 끝나는 순간, 노예 상태가 자유를 압도하며 자유는 무위로 돌아간다"라고 말했다. 당시 영국뿐 아니라 현대 대의제 민주주의의 맹점을 꿰뚫어 보는 듯한 발언이다. "자유를 포기하는 것은 인간이기를 포기하는" 것이기에 그럼에도 민주주의는 포기될 수 없다고 한다면, 루소의 주권재민과 일반의지의 공화국 이념을 현실화하는 방안을 찾는 과업은 현대 사회의 정치 행위의 본질이라고 할 수 있다.

민주주의와 추첨제

루소는 선거제가 귀족정에 어울리고 추첨제가 민주정

에 어울린다고 말했다. 나는 루소가 한 말 가운데서 이 발언만큼 그의 공화국 이념을 현실화하는 데 실질적인 영감을 주는 것이 없다고 판단한다. 현대 대의제 민주주의 체제는 평등과 자유를 조화시킨 루소의 이념에서 멀어져도 너무 멀어져 있다.

근대국가를 주도한 부르주아는 자신들의 지배체제를 대의제 민주주의로 등치하였는데, 그 핵심은 선거제였다. 근대국가는 신분이라는 혈통의 불평등을 폐기하여 외형상 신분의 평등을 실현하면서 내용상 부의 불평등이란 다른 불평등체제로 교묘하게 전환한다. 이러한 전환에 조응하여 정치 권력 또한 '신분의 집단'이 아닌 '부의 집단'에 부여되며, 이때 세습을 대체하여 선거가 그 수단으로 확립된다. 민주주의 역사와 오랫동안 함께한 추첨제는 근대를 더 나은 세상으로 만드는 데 사용될 유력한 정치적 수단으로서 잠재력이 있었지만, 바로 그 사실로 인하여 추첨제는 대의제 민주주의 정치체제가 들어서면서 허무맹랑할뿐더러 불합리란 것으로 폄하되며 퇴출당한다.

루소가 정치적 자유의 대전제로 평등을 인식한 것은 타당하고 올바르다. 누가 누구보다 훨씬 더 많은 재산을 갖거나 훨씬 더 적게 가지지 않은 세상. 그런 세상이 아니라면 정치적 자유는 늘 침해받을 수밖에 없다. 현존하는 많은 자본주의 국가의 민주주의 체제에서 보편적으로 심각한 침해가 목격된다.

샴쌍둥이처럼 자본주의와 한 몸으로 성장한 대의제 민주주의를 건강한 본연의 민주주의로 갱생케 하려면, 루소가 흥미롭게 통찰하였듯이 어떤 식으로든 추첨제를 적극적으로 도입해야 한다. 추첨제는 새로운 영감이 아니라 오래된 영감으로, 수백 년의 의도적 유폐로부터 새롭게 조명받고 있다.

우리의 민주주의는 대의제 민주주의로, 부르주아 민주주의 혁명과 자본주의 발전을 겪은 서구 문명의 부산물이다. 근대국가의 '규모'는 효율성을 명분으로 대의제를 정당화하였다. 종종 잊히는 대의제의 근본적 문제는 배제다. 대의代議는 대리하여 토론하고 결정한다는 말이다. '대리인 문제'라는 용어가 단적으로 웅변하듯, 대리하는 것은 직접 하는 것보다 항상 차선책이다. 기본적으로 대리는 어떤 식으로든 배제를 포함할 수밖에 없다. 따라서 만약에 무엇인가를 대리하는 제도가 관행적으로 존재한다면 그 제도가 꼭 필요한 것인지, 선전되는 것처럼 실제로 효율적인지, 다른 음모가 개입한 것은 아닌지를 살펴보아야 한다. 대리하려는 새로운 제도를 도입할 때도 마찬가지다. 원론적으로 대리하지 않게 되면 '대리인 문제'가 원천 차단되고 배제도 사라진다.

현행 대의제 민주주의의 '대리인 문제'의 비용은 심각하다. 간단히 말해 정치적 대리인들은 대리하는 전체 국민의 이익을 대변하지 않고, 국민의 이익을 침해하는 자본과 자신들의 이익을 대변하고 있다. 민주주의의 본질적 위기까지 초래할 정도로 이 문제는 나날이 심각해지는데, 추첨제는 이 문제의 근원적 처방이 될 수 있다.

근대의 여명기에 추첨제를 폐기하고 선거제를 도입하는 데 동원된 핵심논리는 규모와 관련된 효율성 그리고 정치 행위와 관련된 탁월성이었다. 현대사회의 높은 ICT 기술과 정보화 수준은 이미 오래전에 규모 문제를 언제든지 넘어설 수 있게 해주었다. 규모 문제는 없고 결단의 문제만 남았다. 정치적 합의만 이루어지면 사실 중요한 정치적 사안에 대하여 거의 상시로 국민투표를 할 수 있다. 물론 그렇게 하는 것이 정치적으로 더 효율적이고 효과적이며 가치 생산적인가를 사전에 따져보아야 한다. 동시에 그렇게 하지 않는 것이 정치적으로 더 효율적이고 효과적이며 가치 생산적인지도 따져보아야 한다.

탁월성의 문제는 논의할 가치조차 없다. 적어도 한국에선 국회의원의 평균이 국민의 평균에 현저하게 미달한다는 데 이견이 없을 것이다. 그들에게 탁월이 있다면, 그것은 탐욕과 권력의지의 탁월이다. 그렇다면 이제는 직접 민주주의의 모든 가능성과 토론과 숙의를 위한 대의 민주주의를 함께 고려하며, 루소가 말한 일반의지라는 것에 근접한 무엇인가를 찾아내고 실행할 수 있는 정치체제를 새롭게 고민해도 될 시점이 아닐까. 이때 대의의 방식은 정정되어야 한다. 민의를 선거를 통해 대리하는 것보다 추첨을 통해 대리하는 방법이 일반의지를 확인하는 데 더욱더 효과적이고 민주주의 본연의 정신에도 부합한다.

정치집단이 기득권이 되었고, 또한 정치집단이 내부에서 재생산될뿐더러 카르텔이 되었으며, 새로운 정치 세력의 진입을 체계적으로 차단하는, 대표성이 상실된 현재의 정치 상황에서 추첨제의 전면 도입이나 선거제와 추첨제의 병행 실시 같은 개혁은 포괄적인 정치개혁을 가능케 할

것이다. 무능하고 부패하고 계급적인 지금의 정치 시스템
보다 추첨제가 훨씬 우월한 정치제도다. 그렇기에 현존 정
치집단과 지배 블록은 자신들이 통제할 수 없는 추첨제 같
은 방식을 두려워한다.

단언컨대 추첨으로 인한 부작용보다는 추첨으로 인한
이익이 훨씬 더 많다. 추첨을 통해 뽑는 공직자의 범위에
대해서는 사회적 합의가 필요하겠지만, 국회의원 전원을
추첨으로 뽑는다고 해도 지금보다 더 나은 의회정치를 구
현하리라는 데 적잖은 사람들이 동의할 것이다. 대통령을
추첨으로 뽑을 수는 없겠지만 정치인을 뽑는 통로로 기존
선거제의 독점을 깨고 추첨제를 병행 시행하는 순간, 우리
가 일반의지를 확인하고 실천할 가능성은 더 커진다.

2부

근대국가 이전의
새로운 국가 모델 모색

5장

근대의 문턱에서
마키아벨리 《군주론》

니콜로 마키아벨리(Niccolò Machiavelli, 1469~1527)는 근대의 문턱에 해당하는 르네상스 시기에 지금의 이탈리아에서 활동한 인물이다. 마키아벨리의 대표작인 《군주론》(1513)에 대해서는 그 내용에 관한 찬반양론이 격렬하고 논란 또한 여전하지만, 고전 필독서라는 데 이견이 없다. 반면 '마키아벨리의 사상 혹은 마키아벨리의 사상을 추종하는 경향'인 마키아벨리즘에 대해서는 대체로 부정적인 뉘앙스가 역력한 듯하다.

마키아벨리즘에는, 피도 눈물도 없이 목적을 위해 모

든 수단을 정당화한다는 악마적 현실주의 느낌이 들어있다는 것이 대중의 막연한 인식이다. 《군주론》을 읽은 사람은 물론 읽지 않은 사람까지 그렇게 생각할 가능성이 크다.

마키아벨리는 마키아벨리스트였을까

마키아벨리즘이라는 단어에 따라다니는 부정적인 뉘앙스는 《군주론》에서 마키아벨리가 제안한 정치의 방법론이 매우 현실적이고 적나라하기에 생겨났다고 짐작할 수 있다. "그래, 어쩌면 맞는 말이긴 해. 한데 좀 불편하네." 이런 반응이 아닐까.

군주 혹은 정치적 지도자 가운데 스스로 마키아벨리스트라고 말할 사람이 있을까. 동양이라면 흔히 공자 등을 인용하며 덕치 같은 것을 내세웠을 것이며 서양에서도 비슷한 정치적 덕목을 앞세우지, 설마 마키아벨리스트적인 속내를 겉으로 드러낼 리는 없을 터이다. 따라서 공개적인 마키아벨리스트는 동서양을 막론하고 정치지도자 중에서는 찾아보기 힘들다. 최근 역사에서 마키아벨리스트로 불릴 법한 사례로 전 미국 대통령 도널드 트럼프를 거론하는 사람이 있을 법하지만, 마키아벨리스트라고 하기엔 트럼프가 별로 정교하지 않다는 반론이 나오지 않을까. 그는 분류상 포퓰리스트에 가깝다.

그러나 알다시피, 정치에서 혹은 외교에서 내용상 마키아벨리스트가 아니기는 거의 불가능하다. 특히 국제정치에서는 예외 없이 마키아벨리즘이 작동한다. 덕치란 포장만 요란하고 실제론 마키아벨리적 사고로 무장한 정치가들이 국내외 정치를 지배한다.

마키아벨리가 《군주론》에서 하는 이야기는 정치뿐 아니라 우리가 세상에서 직면하는 대다수 사례와 일치하기에, 읽게 되면 치부를 들킨 것 같아서 기분이 나빠진다. 그러한 맥락에서였을까, 마키아벨리 사후 교황청은 1559년에 그의 책들을 금서로 지정하였다. 계몽군주로 알려진 프로이센의 프리드리히 2세는 선왕으로부터 왕위를 물려받은 1740년에 "마키아벨리는 틀렸다. 국가보다는 국민의 행복이 중요하다"라며 즉위하고 몇 달이 지나지 않아 스스로 《반反마키아벨리》라는 책을 썼다. 그러나 실제 프리드리히 2세는 오스트리아 왕위 계승전쟁에 개입하여 슐레지엔 방면으로 영토를 확장하는 등 마키아벨리스트의 면모를 뚜렷이 보인 인물이다.

정치철학 면에서는 후대의 장 자크 루소나 버트런드 러셀 등에 의해 재평가받았다. 같은 이탈리아인인 안토니오 그람시는 마키아벨리를 재평가하는 정도를 넘어 사상의 자양분으로 흡수하였다. 열렬한 이탈리아 민족주의 조각가 이노센조 스피나치는 마키아벨리의 가묘에 "어떤 찬사도 그의 이름에 걸맞지 않다"라고 새겨 넣어 최고의 존경을 표시했다.

정리하면, 마키아벨리와 그의 《군주론》은 찬반양론이 맞서긴 하나 시간이 지날수록 의의를 인정받고 있지만, 《군주론》의 사유 중 부정적 측면들을 행태적으로 집약한 마키아벨리즘은 여전히 기피된다. 개인적으로는, 마키아벨리즘에 대한 부정적 뉘앙스와 예민한 기피 자체가 《군주론》의 '인문적 성취'의 징표 중 하나라고 판단한다. 누구나 그렇게 하지만 아무도 이야기하지 않는 것을 구태여 드러내는 방식, 즉 외면하지만 엄연한 현상을 낱낱이 까발려서 독자의 가슴에 콕콕 찔러주는 방식에서 마키아벨리즘이

서 있는 위치를 간접적으로 알 수 있지 않을까.

여기서 '마키아벨리는 마키아벨리스트였을까' 하는 흥미로운 질문을 떠올리게 된다. 이야기를 이어가려면 모종의 정의가 필요한데, 마키아벨리즘이 《군주론》에서 피력된 마키아벨리의 사상(이것에 대해 존재하는 논란은 그냥 넘어가고)만을 의미하는가, 혹은 《군주론》 외 마키아벨리의 다른 저서에서 드러난 사유까지 포함하는가를 고민해야 한다. 나중에 살펴보겠지만 《군주론》의 마키아벨리가 마키아벨리의 전체 사상을 대표하지 않기 때문이다. 누구나 동의할 수 있는 분류법이라고 장담할 수는 없지만, 편의상 마키아벨리즘은 《군주론》을 통해 특정하게 대표되는 부정적이고 불편한 사유체계로 보아도 무방하지 싶다.

그렇다면 마키아벨리는 마키아벨리스트일 가능성이 희박하다. 마키아벨리즘은 마키아벨리가 원한 마키아벨리즘이 아니다. 《군주론》에 국한하여도 마키아벨리는 마키아벨리즘 너머에 위치한다. 이 글에서는 《군주론》을 통해 이러한 이중성을 확인하는 것에 만족하도록 하자. 오랫동안 지속한 히스테리에 가까운 격렬한 거부감에도 불구하고 사실 《군주론》의 내용에서 아주 특별한 것은 별로 없다. 정치철학적 함의와 역사주의 맥락을 고려하지 않은 채 그저 속류俗流적으로 해석하여도,《군주론》의 이야기는 15~16세기 피렌체의 삶이자 21세기 한국의 삶을 그대로 반영하고 있기 때문이다.

《군주론》을 본격적으로 살펴보기에 앞서 시대를 거슬러 올라가 아리스토텔레스의《정치학》의 일부 내용을 회고해 보자.《정치학》에는 '정체를 보전하는 방법'에 관한 논의가 전개되는데,《군주론》과 흡사해서 흥미롭다.

《정치학》에서 아리스토텔레스는 독재정체, 특히 참주정체를 보전하는 방법으로 억압정책의 시행을 제시한다. 억압정책의 목표는 세 가지다. 첫 번째는 '피치자들이 기를 펴지 못하게 하라'. 박정희 정권에서 공안公安 기구를 비롯한 폭력적인 국가 제도를 동원하여 국민 사이에 전반적인 공포 분위기를 조성한 것이나 프랑스혁명 시기에 로베스피에르가 공포정치를 편 것 등 사례는 무궁무진하다. 두 번째는 '피치자들이 서로 불신하게 만들어라'이고, 세 번째는 '피치자들의 정치가 활성화하지 않도록 그들을 무력하게 만들어라'이다.

통치자의 분식粉飾 방법에 대해서도 말한다. 공익을

위하고 국가를 잘 관리한다는 인상을 주고, 품위 있는 처신과 군사적 능력으로 존경심을 불러일으키고, 어떤 부하에게도 큰 권력을 맡기지 않음으로써 반란을 예방하고, 모욕적이고 폭력적인 행동으로 피치자들을 화나게 하지 않는 등 참주정체를 유지할 수 있는 탁월한 방법론을 한비자나 마키아벨리 수준으로 제시한다. 그러나 동시에 아리스토텔레스는 정체를 보전하는 방법과 관련하여 '사소한 것이라도 불법은 경계해야 한다' '대중에게 속임수를 써선 안 된다' '공직자들은 공정해야 한다' '상벌은 분명히 해야 한다' '공직을 축재의 수단으로 삼지 못하게 해야 한다' 등과 같이 지금의 기준으로도 타당하고 훌륭한 기준을 함께 제안하였고 민의 지배와 법치 같은 민주주의의 뼈대를 수립하였다.

크게 보아 이 주제에 관한 한 마키아벨리와 아리스토텔레스의 사유 사이에 크나큰 차이는 없는 것이 아닐까. 군주로 성공하려면 좋은 법과 좋은 군대를 가져야 한다는 정도의 마키아벨리의 주장은 '과도하게' 합리적이어서 아리스토텔레스뿐 아니라 다른 정치사상가들의 견해와도 크게 어긋나지 않는다. 그러나 적어도 마키아벨리가 생존한

시기까지는, 일단 어긋나기 시작하면 많이 어긋난다는 점
또한 사실이다.

'애덤 스미스 문제' vs. '마키아벨리 문제'

애덤 스미스는 《도덕감정론》에서 "우리는 우리 자신
의 행위를 우리가 상상하는 공정한 방관자가 바라보는 것
처럼 바라보도록 노력한다"라고 말했다. 애덤 스미스의 '공
정한 방관자(the Impartial Spectator)'는 《도덕감정론》의 핵심
개념이다. 이 책을 한 줄로 요약하면, 공정한 방관자(또는
관찰자)의 시인是認과 동감同感이 인간에게 삶을 살 만한 것
으로 만들어준다는 것, 즉 인간에게 삶의 가치를 부여한다
는 것이다.

생전에 《도덕감정론》의 저자'라는 표현을 자신의 묘
비명墓碑銘에 넣어 달라는 유언을 남길 정도로 애덤 스미스
는 《도덕감정론》에 애착을 가졌다. 실제로 그의 묘비명엔
"《도덕감정론》의 저자"라는 표현이 들어갔다. 그러나 묘비

명에 《도덕감정론》과 함께 《국부론》이 포함되어, 결과적으로 그는 자신의 소망과 달리 후대에 주로 《국부론》의 저자로 전해진다.

(애덤 스미스 자신이 아닌, 스미스를 보는 외부) 관찰자의 시인과 동감 그리고 애덤 스미스 본인의 소망 간의 이러한 간극이 말하자면 애덤 스미스 철학을 설명할 때 등장하는 '애덤 스미스 문제(Adam Smith Problem)'로 이어졌다고 볼 수도 있다. '애덤 스미스 문제'를 간단히 설명하면, 인간사회를 추동하는 핵심 에너지원이 '동감(도덕감정론)'이냐, '이익(국부론)'이냐 하는 의견의 충돌이다. 물론 이 충돌은 늘 일어나고 언제나 결론을 맺지 못하지만 '애덤 스미스 문제'가 제기된 건 흥미롭게도 스미스란 한 사람 안에서 이러한 상충이 빚어졌기 때문이다.

애덤 스미스보다 생존연대가 빠른 마키아벨리에게도 '애덤 스미스 문제'와 유사한 상충이 목격된다는 것이 전공자들의 의견이다. 한쪽에서 '악마의 사도'라고까지 비난하지만 다른 쪽에선 근대 정치의 지평을 연 선각자라고 칭찬한다. 또한 군주제 옹호자라는 널리 알려진 인식과 반대로 일각에서는 그를 공화주의자로 칭한다. 이러한 마키아벨리 안의 상충은 '애덤 스미스 문제'에서 드러난 스미스의 상충보다 더 심각해 보인다.

이 현상은 앞서 언급한 대로 마키아벨리에게서 《군주론》의 마키아벨리즘 외에 다른 사유를 담은 마키아벨리즘이 존재하기에 빚어진다. 마키아벨리즘을 '속류적' 군주론으로 해석한다 해도, 마키아벨리는 《군주론》의 저자로서 책 속에서 현실주의자의 탁월한 혜안과 날카로운 안목을 과시했지만, 역사적 현실 속의 구체적 개인일 때 정작 자신은 운명의 여신으로부터 배신당해 불우한 삶을 벗어나지 못했다.

마키아벨리는 피렌체 사람이다. 그는 평생 피렌체 사람이었고, 조국 혹은 고향에 각별한 애정을 품고 살았다. 르네상스와 종교개혁의 거대한 두 물결이 합쳐지려던, 격동기를 앞둔 1469년 피렌체에서 4남매 중 셋째이자 장남으로 태어났다. 참고로 종교개혁가 마르틴 루터는 마키아벨리보다 14년 뒤인 1483년 독일 아이슬레벤에서 출생했다.

마키아벨리 가문은 피렌체 명망가의 하나라고 할 수 있었으나 그가 태어날 즈음엔 가세가 기울어진 상태였다. 피렌체의 주인인 메디치 가문이 세력을 떨칠 때 마키아벨리가家는 크게 힘을 펴지 못했고, 특히 1460년 피렌체대학의 법학 교수였던 당숙 지롤라모가 반反메디치 사건에 연루되어 옥사한 이후 가문은 더욱 영락하였다.

마키아벨리의 아버지 베르나르도Bernardo Machiavelli는 경제적으로 무능했으며 많은 빚을 졌고 끝내 그 빚에서 헤어 나오지 못한 것으로 전해진다. 경제적 무능과는 대조적으로 베르나르도는 그리스·로마의 인문학에 깊은 열정과 문헌학적 식견을 갖춘 인물이었다. 아버지의 인문학적 열정으로 인해, 《고백록》의 아우구스티누스가 그러하였듯 넉넉지 않은 형편에서도 마키아벨리는 좋은 스승에게서 공부할 기회를 얻었다. 7살에 라틴어를 배우기 시작하여 성장하면서 르네상스 시기 최고 인재의 자질을 갖추었다. 그가 피렌체대학에 진학했는지에 관해서는 의견이 엇갈리나 문필자가 되기 위한 최고의 소양을 쌓았고 남다른 재능이 있었다는 데 이견이 없다.

마키아벨리는 29살인 1498년에 피렌체의 제2서기국의 일원으로 피선되어 공직에 나간다. 비교적 어린 나이인 그에게 그런 기회가 주어진 것은 이례적이다. 아마도 당시 피렌체가 정치적 격변기에 처했기 때문일 것이다. 격변기의 중심인물은 지롤라모 사보나롤라(1452~1498)였다. 메디치 가문을 축출하고 기독교적 공화정을 실험하던 도미니코 수도회 소속의 신부 사보나롤라가 1498년에 실각하였고, 그해 5월 23일 아침에 그와 그를 따르던 두 명의 도미니코 수도사가 피렌체 시뇨리아 광장에서 화형당했다.

마키아벨리는 그해 2월 사보나롤라가 아직 권력을 잡고 있던 시기에 치러진 선거에 나가 사보나롤라의 추종자에게 패배하였다. 사보나롤라가 몰아낸 메디치 가문의 복귀를 모색하는 파벌에 속하지 않았지만, 사보나롤라 세력과도 거리를 두었기에 당시 정치지형에서는 선거 승리를 기약하기 어려웠을 것이다. 그러나 사보나롤라 정권이 무너지고 사보나롤라를 화형에 처한 직후인 같은 해 6월 치러진 선거에서는 상황이 반전되었다. 앞서 사보나롤라 추종자에게 패배를 당함으로써 크게 보아 반反사보나롤라 범주에 속하게 되었고, 이런 의도하지 않은 상황은 반反사보나롤라 국면에서 당연히 유리하게 작용할 수밖에 없었을 것이다.

사보나롤라 실각과 함께 그를 지지한 많은 고위 공직자들이 대거 숙청당하면서 마침 재능 있고 패기 넘치던, 서른 살이 안 된 마키아벨리에게 역량을 펼칠 행운이 찾아온 상황과 별개로, 사보나롤라의 정치실험이 이후 종교개혁 등에 심대한 영향을 미치고 정치사상사에 유력하게 족적을 남겼다는 사실은 기억하고 넘어가도록 하자. 후대의 이 같은 평가를 알 리 없는 마키아벨리도 《군주론》에서 사보나롤라를 잠깐 언급하고 지나갔다. 짧은 언급이지만 마키아벨리가 사보나롤라를 부정적으로 파악한 것은 그의 반反기독교 성향으로 볼 때 자연스러운 반응이라 할 만하다.

"나의 조국을 내 영혼보다 사랑한다"

《로마제국 쇠망사》로 유명한 18세기 영국의 역사가 에드워드 기번은 로마제국 멸망의 원인으로 야만족(로마인 기준으로)과 기독교를 거론한다. 멸망을 일으킨 하드웨어와 소프트웨어인 셈인데, 기번은 소프트웨어가 더 결정적인 영향을 미쳤다고 본다. 기독교의 초월적 경향이 로마인을 사로잡으면서 그들의 전투적이고 시민적인 삶의 방식을 도태시켰다고 판단하였기 때문이다. 반면 북아프리카 히포에서 주교로서 서로마제국이 멸망하는 모습을 지켜본 아우구스티누스는, 당연하겠지만, 로마제국이 기독교적 삶의 양식을 온전히 구현하지 못했기 때문에 쇠락의 길에 접어들었다고 판단하였다.

서로마가 무너진 476년 이후 1000년을 더 존속한 동로마는 마키아벨리가 태어나기 얼마 전인 1453년에 무너졌다. 반면 로마에 의해 세계종교로 부상한 기독교는 로마 멸망 이후에도 살아남아 마키아벨리 시절에는 종교뿐 아니라 정치적으로 서방세계에 큰 영향을 끼치고 있었으며, 교황청 자체는 이탈리아반도에서 사실상 하나의 국가로 기능하였다.

마키아벨리 생존 즈음의 이탈리아에는, 규모는 다르지만, 중국의 춘추전국시대를 방불케 할 혼란과 대립이 만연했다. 옛 로마제국의 영광은 완전히 잊힌 채 군주국, 공화국, 신정정치체제 등 여러 정체의 많은 국가가 서로 갈등하고 전쟁을 벌이는 국면이었다. 영국, 프랑스, 스페인 등은 중세의 혼란을 극복하고 군주제를 바탕으로 국민국가로 발전하는 도정을 밟고 있었지만, 이탈리아는 특별한 구심

점 없이 소국이 난립한 채 내부적으로 쟁투를 벌였다. 베네치아, 밀라노, 제노바, 피렌체, 시에나, 로마교황청, 나폴리 등으로 잘게 갈라진 이탈리아에서 피렌체인으로 태어난 마키아벨리는 피렌체의 강성과 이탈리아의 통일을 염원한 (지금 기준으로) 이탈리아 민족주의자라고 할 수 있다.

이탈리아에서 이러한 정치적 난맥상은 그 후로 오랫동안 이어진다. 반면 문화적으로는 마키아벨리 생존 시기에 이탈리아가 르네상스의 중심으로 유럽 문명의 부흥을 주도하였다. 1453년 비잔티움제국의 멸망을 전후하여 고대 그리스·로마의 문화유산을 간직한 학자와 기술자가 이탈리아로 대거 유입되어 인문과 기술 발전의 토대가 마련되었다. 십자군전쟁부터 이어진 일련의 국제 상황은 이탈리아에 초기 형태의 자본주의를 발생시켰다. 또한 시민계급의 모습이 목격되는 등 유럽의 다른 지역과는 상이한 근대성의 모습이 모색되기 시작하였다.

마키아벨리에게는 이탈리아의 문예부흥이나 이탈리아의 근대성이란 것이 아마 만족스럽지 않았으리라. 문예부흥이나 근대성의 맹아 등은 후대의 분석이고, 당대인은 역사의 전환을 제대로 인식하지 못하였을 것이다. 마키아벨리도 마찬가지로, 가정하여 그러한 세계사적 전환을 인식하였다고 하여도 그에게는 통일된 이탈리아와 피렌체의 번영이 개인적으로 최상위 가치였기에 큰 관심사가 아니었을 것으로 추정할 수 있다. 현재 통일된 국민국가를 구성한 상태인 이탈리아 또한 이탈리아인의 입장에서 볼 때, "(일반인과 달리 잘못되어도) 항의할 법정이 없는 군주의 행위에 대해 사람들은 군주가 행한 결과만을 본다. 그러므로 군주는 국가를 획득하고 보전하여야 한다. 그때 수단은 늘 고결하다는 평가를 받을 것"이란 마키아벨리의 견해는 애국충정이 묻어나는 절절한 호소로 받아들여짐 직하다. 암울한 조국의 현실을 타개해 보려고 애쓴 애국자의 모습을 떠올림 직하다. 특히 《군주론》 마지막 장의 "히브리인들보다 더 종속되어 있고, 페르시아인들보다 더 억압받으면서도, 아테나이인들보다 더 분열된 이탈리아의 현실을 직시하라"라는 구절은 절박하기 그지없다. 당시 사분오열된 이탈리아를 산 이탈리아인의 심정을 대변한다.

29살에 공직에 나아간 마키아벨리는 외교 문서를 쓰는 데 탁월한 재능을 보였다고 전해진다. 그는 사보나롤라 몰락 이후 들어선 피에로 소데리니 정부에서 외교와 전쟁

업무에 배속됐다. 중국 춘추전국시대 책사들이 그러하였듯 마키아벨리는 이탈리아를 누비며 피렌체의 사활을 건 외교전에 종사하였고, 상당한 수완을 발휘하였다고 한다. 마키아벨리의 소신이 반영되어 시민군을 주축으로 한 피렌체 군대가 1509년 피사를 회복하는 등 그의 공직에 몇몇 영광의 순간이 있었지만, 약소국 피렌체 공화정의 젊은 외교관은 각고의 노력에도 불구하고 날개가 꺾이고 만다.

교황은 종교지도자이면서 동시에 이탈리아반도의 맹주를 노리는 세속 군주였는데, 마키아벨리가 국제무대에서 활약하던 시기에 새로 교황이 된 율리우스 2세는 팽창주의를 추구하였고, 이 과정에서 프랑스 루이 12세와 대립하게 된다. 1511년 교황·베네치아·스페인 동맹과 프랑스 사이에 전쟁이 발발하고, 친親프랑스 피렌체 공화정은 1512년 4월 라벤나전투에서 패한 프랑스군이 본국으로 철수하면서 풍전등화에 처한다. 곧 밀어닥친 스페인군이 피렌체를 유린하고, 교황과 스페인의 후원을 받은 메디치가의 군대가 피렌체 시민군을 격파하면서 이해 9월에 피렌체 공화정은 친親메디치 쿠데타로 종말을 고했다. 마키아벨리의 14년 공직이 끝나는 순간이기도 했다. 마키아벨리는 그해 11월 공직에서 쫓겨나면서 피렌체 외곽으로 추방당했다.

이듬해인 1513년 2월에는 반反메디치 음모에 가담했다는 혐의로 체포되어 고문을 받아 죽음의 문턱에까지 이른다. 정치보복으로 같이 체포된 사람 중 주모자급들이 처형당하자 이 소식을 접한 마키아벨리는, '일 마니피코 Il Magnifico'로 불리며 메디치 가문의 기틀을 잡은 로렌초 메디치(1449~1492)의 아들이자 권좌를 되찾은 메디치 가문의 지배자 줄리아노(1479~1516)에게 구명을 요청하는 소네트를 지어 바쳤다. 구명 요청이 주효했는지는 확인되지 않지만 줄리아노의 형제인 메디치 가문의 조반니가 교황 레오 10세(1475~1521, 재위 1513~1521)로 선출되면서 경사를 축하하는 특별사면 대상자가 되어 구사일생으로 감옥을 나왔다.

《군주론》은 감옥에서 나온 후 조그만 산장에 칩거하며 집필하였다. 이때 마키아벨리는 줄리아노가 자신의 석방에 힘써주었다고 믿었기에 줄리아노를 통해 공직 복귀를 도모하며, 애초에 《군주론》을 줄리아노에 헌정할 생각이었다고 전해진다. 교황 레오 10세의 즉위로 피렌체와 로마가 모두 메디치 가문의 손아귀에 들어간 상황에서, 메디치 가문의 누군가에게 의탁하지 않고는 다시 정치에 복귀하기란 불가능한 형편이었기 때문이다. 자신을 쫓아내고 고문한 세력에게 연줄을 대려고 한 마키아벨리는 어찌 보면 배알도 없는 출세 지향의 인물처럼 보인다. 그러나 다른 관점에서 보면 권력자가 누구든 피렌체를 우선한 애국자라고 받아들일 수도 있다. 혹은 흔히 영혼이 없다는 소리를 듣는 관료의 모습을 떠올리게 될까. 이러한 행동을 어떻게 평가할지는 유보하자. 우리가 아는 사실은 복귀를 위한 그의 모든 노력이 수포가 되었다는 것이다.

《군주론》은 줄리아노 대신, 줄리아노에 이어 메디치 가문의 지배자가 된 줄리아노의 조카 로렌초 메디치(1492~1519, 할아버지 '일 마니피코'와 구분하여 흔히 '로렌초 2세'로 불린다)에게 헌정되었지만, 로렌초는 이 책을 들추어보지도 않았다고 전해진다. 이 책이 후대에 누린 명성에 비해 너무 참담한 대접을 받은 셈이다. 마키아벨리의 낭인 생활은 거의 인생 말년까지 이어졌다.

나는 아침에 해가 뜨자 일어나 요즘 베어 내고 있는 내 소유의 숲으로 가네. 그곳에서 두어 시간 머물면서, 전

날은 얼마나 일을 했는지도 살펴보고, 벌목꾼들과도 이런저런 이야기를 나눈다네. 그 축들이란 자기들끼리든 주변 사람들과든 언제나 무슨 말썽거리라도 만들어내는 사람들 아닌가. … 숲을 나와서는 약수터에 들렀다가 나는 새를 잡는 곳으로 가지. 나는 책을 한 권씩 끼고 다니는데, 단테나 페트라르카, 아니면 그보다는 조금 아래의 시인들일세. 왜, 티불루스나 오비디우스 같은 사람들 있잖은가. 난 그들의 감미로운 정념과 그들의 사랑을 읽고 느끼지. 그리고 나의 정념과 사랑도 되새겨보지. 한동안은 이러한 달콤한 상념들 속에 잠긴다네. 그다음에는 길로 나와 술집에 들르지. 그곳에서 나는 지나가는 사람들과 말을 나누면서, 그쪽 소식을 묻기도 하고 이런저런 온갖 이야기를 들으며 사람들의 잡다한 풍취와 다양한 생각들을 접하게 된다네. 그러다 보면 식사할 시간이 오고, 나는 가족들과 함께 이 초라한 시골집과 보잘것없는 땅뙈기에서 나오는 소출로 배를 채운다네. 식사를 한 뒤에는 다시 그 술집으로 가는데, 그곳에는 나를 반길 사람들이 있지. 보통은 푸주한 한 사람, 방앗간지기 한 사람 그리고 가마 굽는 일을 하는 사람 둘이 바로 그들이라네. 나는 이들과 아무렇게나 어울려 딱딱 소리를 내며 카드놀이를 하지. 이 와중에서 수없이 오가는 말다툼과 욕설들. 그뿐인가. 돈 한 푼을 두고는 종종 드잡이판을 벌이는 바람에 그 고함 소리가 멀리 산카시아노에서도 들릴 정도라네. 이 기생충 같은 인간들 틈에 끼어, 나는 곰팡내 나는 머리를 씻고 내가 처한 이 불운을 잠시나마 잊어버리려 하지. 운의 여신은 나를 이처럼 짓밟고 있지만, 그래도 여신 스스로는 이를 부끄러워하리라 생각하는 것으로 자위하면서 말일세.

…

저녁이 오면 나는 집에 돌아와 서재로 들어가네. 문 앞에서 온통 흙먼지로 뒤덮인 일상의 옷을 벗고 왕궁과 궁중의 의상으로 갈아입지. 우아하게 성장을 하고는 나를 따뜻이 반겨 주는 고대인의 옛 궁전으로 들어가, 내가 이 세상에 나오게 한 이유이자 오직 나만을 위해 차려진 음식을 맛보면서, 그들과 스스럼없이 이야기하고 그들이 왜 그렇게 행동했던가를 물어본다네. 물론 그들도 친절히 답해 주지. 이 네 시간 동안만은 나에게 아무런 고민도 없다네. 모든 근심 걱정을 잊어버린다는 말일세. 쪼

들리는 생활도 심지어는 죽음조차도 두렵지 않다네. 나 자신이 온통 그 시간 속에 빠져들어 가는 셈이지. 하지만 단테도 말하지 않았던가? 우리가 어떤 것을 듣고 이해하더라도 기억 속에 넣어놓지 않으면 지식이 되지 못한다고 말일세. 그래서 나는 그들과의 이야기에서 배운 것을 일일이 써놓았다가 그것으로 《군주국에 대하여(De principatibus)》란 조그만 책자를 쓰게 되었다네.

- 곽차섭 외, 《서양의 고전을 읽는다 2》(휴머니스트, 2006) 중에서

《군주론》을 집필할 당시의 심경을 전한 마키아벨리의 글이다. "왕궁과 궁중의 의상으로 갈아입고, 우아하게 성장을 하고" 서재에 들어가는 그의 모습이 처연하다. 그의 이러한 낭인 생활은 공직생활과 엇비슷한 시간 동안 진행되어 1526년에야, 원한 만큼의 지위가 아니었는지 모르지만, 아무튼 공직에 복귀했다. 삶의 역설은 마키아벨리의 몰락을 통해서 《군주론》이 세상에 빛을 보게 됐다는 사실이다. 만일 그가 계속해서 공직에 머물며 말년까지 승승장구했다면 《군주론》이 탄생하지는 않았을 터이고, 그랬다면 그 삶이 자신에게는 만족스럽고 편안한 것이 되었겠지

만 불멸의 이름을 남기지는 못했을 것이다.

영락한 시기에 남긴 책은, 실각 직후인 1513년에 쓴 《군주론》(발간은 사후인 1532년) 외에 《로마사 논고(원제는 '리비우스의 로마사에 대한 논의')》, 《피렌체사》 등 여러 권이 있다. 앞서 언급한 '마키아벨리 문제'는 그의 저술에서도 발견된다. 내용상 군주제의 옹호라고 비칠 수 있는 《군주론》을 공직 복귀를 노리며 메디치 가문에 헌정한 반면, 《군주론》보다 늦게 저술된, 공화제를 지지하는 반대 성향의 《로마사 논고》는 메디치 가문에 맞서는 공화주의자들에게 바쳤다.

마키아벨리의 《군주론》과 《로마사 논고》 간의 관계는 애덤 스미스의 《국부론》과 《도덕감정론》 간의 관계와 흡사하다. 《군주론》과 《로마사 논고》로 이어지는 마키아벨리의 사상체계를 후대에서 해석하느라 '애덤 스미스 문제'와 같은 어려움을 겪었다. 마키아벨리에 우호적인 해석은 《로마사 논고》의 입장에서 《군주론》을 바라보는 것이고, 우호적이지 않은 해석은 그 반대다. 군주에 대한 적개심에서 군주를 오도하기 위해 《군주론》을 썼다는 일종의 음모론까지 있는 걸 보면 두 책 사이의 상충이 논란이긴 한 모양이다.

면이 깎이는 그의 안타까운 인생행로는 말년에 최종적으로 운명의 조롱에 직면하고, 마키아벨리는 이번에 결정적으로 무너지고 말았다. 1526년에 미관말직을 맡아 공직에 어렵사리 복귀했으나 이듬해 메디치 정권이 또다시 붕괴하고 공화정이 재건되면서 그는 '낙동강 오리알' 신세가 된다. 마키아벨리는 메디치 정권의 끝판에 별것 아닌 일을 하고도 부역자 취급을 당해 정치와 공직에서 배제당했다. 이런 사건이 일어나고 얼마 지나지 않은 1527년 6월 그는 운명한다. 지금은 전 세계적인 필독서가 된《군주론》은 물론《로마사 논고》가 그의 생전에 전혀 주목받지 못했다는 사실이 그의 죽음과 겹쳐진다.

최초의 근대인 마키아벨리

르네상스 시기 찬란한 문화를 자랑하는 조국 피렌체가 국제정치의 파도에 휩쓸려 부침하는 모습을 지켜보면서 마키아벨리는 안타까워했다. 자신도 드센 운명 앞에서는 더없이 무력했다. 국가나 개인을 지배하는 우연성을 줄이고 예측 가능성을 높여 가혹한 실패를 회피하고자 한 것이 어쩌면《군주론》을 집필한 동기의 하나일 수 있다. 마키아벨리는 "포르투나(운명과 행운의 여신)는 결국 여자일 뿐이다. 여자는 강한 남자에게 복종한다"라고 말했다.

오늘날에는 할 수 없는 발언이지만 그 취지만을 살피면 포르투나의 지배를 줄이고 개인과 국가의 주체적 행동의 힘을 믿었다는 점에서 근대적 인간의 모습을 선취한다. 마키아벨리의 반기독교 성향은 신의 섭리를 거부하고 인간의 역능을 믿었다는 측면에서 근대인의 특성을 내보인다.

신 앞에 선 개인의 영혼을 구제하는 것이 물론 의미 없는 일은 아니지만, 같은 나라에서 살아가는 동포라고 불리는 개인들의 안전과 행복, 그들이 이룬 공동체의 번영이 더 중요하다고 마키아벨리는 판단하였다. "필요할 때는 주저

없이 사악해져라"라는 마키아벨리의 주장은 비도덕적인 견해가 아니다. 도덕의 작동영역과 비非작동영역을 구분하여 사유하는 방식은 편의적으로 보이지만 엄연한 현실이며 학문적으로도 받아들여져 다양한 견해를 산출하였다.

미국 현대사에 지대한 영향력을 행사한 라인홀드 니버 또한 크게 보아 마키아벨리스트였다고 할 수 있다. 니버는 조국애와 종교적 신념이 결부되어 자신의 나라 미국의 팽창주의적이고 제국주의적인 행태를 옹호하였다. 니버에게도 도덕이 작동하는 영역과 작동하지 않는 영역이 분리되었다.

사회계약의 입장에서 인간 사회의 더 큰 복리를 위해 기꺼이 괴물을 초대한 토마스 홉스의 생각은 보기에 따라 마키아벨리보다 더 급진적이고 더 사악하다. 사회계약을 통해 개인을 넘어서는, 절대악까지 가능한 리바이어던을 상상한 홉스나 개인의 도덕과 사회의 비도덕을 구분한 니버의 발상은 마키아벨리의 고민과 맞닿아 있다. "시민들의 덕이 그 국가의 유지와 번영의 관건이다"라는 마키아벨리의 주장은 역설적이게도 니버나 홉스와 비교해 훨씬 덜 마키아벨리적이다.

도덕이 작동하는 영역과 작동하지 않는 영역을 구분한

마키아벨리의 생각은 근대성의 사유를 뜻한다. 르네상스 시기 기독교는 금욕적인 도덕주의를 표방했지만 실제로는 탐욕적인 세속주의로 흘렀고, 루터, 칼뱅 등이 종교개혁을 통해 이 문제에 맞섰다면 마키아벨리는 도덕·윤리와 정치철학을 구분하는 방식으로 대처했다. 정치학과 윤리학은 마키아벨리에게서 결정적으로 분리된다. 마키아벨리가 세상을 사악하게 파악한 것이 아니라, 세상의 사악한 측면과 사악하지 않은 측면을 나누어서 각각 그 특성에 맞는 방법론을 강구해야 한다고 보았다는 게 타당한 이해다.

분리하여 사유함으로써 마키아벨리는 계몽의 근대의 토대를 형성한다. 세상을 악한 것으로 보아 천상의 복락만을 추구하거나 세상을 선한 곳으로 가정하는 논리 모두 불가피하게 위선으로 흘러 불완전한 현실 인식을 만들어낸다. 마키아벨리가 보여준 분리의 사유는 오히려 이성과 인간의 활동반경을 더 넓혀준다. 예를 들어, 마키아벨리가 신민에게 사랑받기보다는 두려움의 대상이 되는 편이 더 낫다고 군주에게 조언할 때 그가 군주에게 악덕을 권한 것이 아니다. 개인의 악덕을 통해 공동선을 고양하는 합리적인 경로를 제안했다고 보아야 하지 않을까. 물론 군주가 신민으로부터 사랑을 받고 경외심도 불러일으킨다면 최선이겠지만, 그것이 현실적으로 불가능하다면 분리하여 군주의 도덕을 새롭게 작성하는 것이 군주와 신민 모두에게 최선일 터이다. 나라에 해가 되는 아들을 가차 없이 처단한 국왕을 생각해보자. 역사 속에 그런 인물은 많다. 다른 것들을 함께 고려해야 하겠지만, 만일 선정을 베푸는 국왕이 그렇게 행동했을 때 우리는 그 국왕을 칭송한다. 국왕은 개인이 아니고, 국왕의 덕은 개인의 덕이 아니며, 국가의 도덕은 개인의 도덕과 다른 것이기 때문이다.

그런 관점에서 마키아벨리가 단지 도덕과 비도덕을 구분했다기보다는 도덕과 비도덕을 구분한 뒤 통합적인 더 큰 도덕을 실현한 것은 아닐까. 이 평범한 구분과 종합이 마키아벨리에게서 처음으로 등장한다. 흔히들 마키아벨리가 인간의 본성을 이기적이라고 판단했다고 말한다. 일견 타당한 분석이지만 메타적 분석을 동원하면 꼭 그렇게만 판단한 것은 아닐 수 있다. 인간론·존재론을 논외로 하더라도, 마키아벨리를 긍정하든 부정하든, 그가 근대 정치사상의 초석을 놓은 인물이라는 데 큰 이견은 없어 보인다. 마키아벨리는 사유 측면에서 최초의 근대인이었다.

6장

절대왕정 시대의 충신은 목이 잘리며 공화국을 꿈꾸다
토마스 모어 《유토피아》

16세기 초반 유럽에서는 정치학의 고전, 혹은 '정치학'이란 수식어를 빼고 그냥 인류의 고전이라고 하여도 좋을 《군주론》과 《유토피아》(1516)가 동시에 저술되었다. 두 책은 500년가량 세계인에게 읽히며 다양한 방면에서 영감과 통찰을 주었다.

《유토피아》는 《군주론》(1513)보다 3년 늦은 1516년에 저술된다. 토마스 모어(Thomas More, 1478~1535)는 1478년에 태어나 1535년에 죽었고, 니콜로 마키아벨리는 1469년에 태어나 1527년에 죽었다. 마키아벨리가 모어보다 9

년 일찍 태어나서 8년 일찍 죽었으니 생존 기간은 거의 비슷하다. 두 사람의 생애가 물리적으론 겹치지만 직접 만난 적은 없었을 것이다.

세계사로 보면 같은 시대에 속한 두 책 저자의 운명은 달랐다. 마키아벨리가 실각의 좌절 속에서 재기를 노리며 쓴 책이 《군주론》이라면, 《유토피아》는 전성기를 앞둔 모어의 패기가 엿보이는 작품이다. 이탈리아와 영국이라는 지역의 차이 외에, 《군주론》이 (다양한 해석이 있지만 일반적으로) 강력한 절대군주를 염원한다면, 《유토피아》는 최고의 공화국을 모색한다. 《유토피아》에서 그 제목이 '아무 곳에도 존재하지 않는', 즉 '이상향'을 뜻한다는 이야기는 널리 알려졌지만, 원래 제목에서 공화국을 염두에 뒀다는 사실은 잘 알려지지 않았다.

'유토피아Utopia'라는 용어는 모어의 창작물이다. 유토피아는 'u'와 'topia'의 합성어인데, 'u'에는 '없다'라는 뜻과 '좋다'라는 뜻이 같이 있고, 'topia'는 장소를 뜻한다. '유토피아'에는 이 세상에 '없는 곳(no-place)'과 '좋은 곳(good-place)'이라는 두 가지 의미가 모두 들어있다.

《유토피아》의 원제는 훨씬 길다. 'Libellus vere aureus,

nec minus salutaris quam festivus, de optimo rei publicae statu deque nova insula Utopia' 이 라틴어 제목을 영어로 옮기면, 'A truly golden little book, no less beneficial than entertaining, of a republic's best state and of the new island Utopia'(강조는 필자)다. 어떤 공화국이 최고의 공화국인지를 유토피아라는 섬의 사례를 통해서 보여주는, 지금의 장르 분류로는 소설이다.

각각 군주정과 공화정에 관해 기술했다는 것 말고도 두 사람과 그들의 책의 운명은 극명하게 갈린다. 앞서 5장에서 살펴보았듯, 《군주론》은 마키아벨리 사후 가톨릭에 의해 금서로 지정되는 등 오랫동안 오욕을 뒤집어썼지만, 최초에 라틴어로 출판된 《유토피아》는 1524년 독일어, 1530년 프랑스어, 1551년에는 영어로 번역되어 읽히며 널리 사랑을 받았다. 가톨릭과도 각각 판이한 관계를 맺었다. 1935년 로마교황청으로부터 성인 칭호를 받은 모어는 생전에 독실한 가톨릭 신자로 살면서 가톨릭을 수호하기 위해 죽음을 불사하였다. 마키아벨리는, 그가 죽자마자 그의 책을 교황청에서 금서로 지정한 사실에서 단적으로 드러나듯 반反가톨릭 혹은 반反기독교였다고 할 수 있다.

그러나 이러한 구체具體의 차이에 매몰돼 두 사람 사이의 커다란 공통점을 놓치면 안 된다. 두 사람은 모두 인문주의자로 인간과 인간 삶을 깊이 고민하며 더 나은 세상을 꿈꿨다. 각자에게 주어진 사회적 환경 속에서 바람직한 인류문명의 모습을 최선을 다해 그려낸 선각자다. 시대의 아픔을 외면하지 않고 맞섰다는 점이 두 유럽 인문주의자의 가장 큰 공통점일 것이다.

Man-Eating Sheep

《유토피아》가 500년 전에 저술된 책이지만, 그 제목과 '나이'가 주는 선입관에 사로잡혀 '공상적이다' '현실 적합성이 떨어진다' 이렇게 비판했다간 제대로 읽지 않았다는 소리를 들을 법하다. 16세기 당대의 기준으로 매우 이상적이고 선진적인 사회체계를 모색했을뿐더러 현대의 기준으로도 여전히 유효한 혜견慧見을 담고 있기 때문이다.

《유토피아》는 1권과 2권으로 구성된다. 내용상 '권'보다는 '부'가 적합해 보이는데, 번역본 대부분이 '부' 대신에 '권'으로 표기한다. 모어가 38세인 1515년에 벨기에 안트워프에 머물면서 2권을 먼저 쓰고 영국 런던으로 돌아와 1권을 써서 다음 해에 두 권을 합쳐 간행한 것이 《유토피아》다. 그러나 1권과 2권이 별개의 주제라기보다는, 하나의 주제를 앞에서는 풍자로 고발하고 뒤에서는 대안으로 제시한 것이기 때문에 '권'이라는 명칭에도 불구하고 한 권의 책으로 받아들여진다.

《유토피아》가 당대의 엄혹한 현실을 날카롭게 비판한 책이라고 한다면, 1권에서 가장 주목한 그 시대의 아픔은 '인클로저enclosure'다. 인클로저는 공유지나 미개간지 등 원래 공동체 소유로 구성원들이 공동으로 이용하던 땅에 울타리를 쳐서 타인의 이용을 막고 사유지로 만든, 영국에서 대대적이고 공공연하게 일어난 사회적 약탈 사건을 말한다. 흔히 1차 인클로저(15~16세기)와 2차 인클로저(18~19세기)로 구분하며, 모어가 출생한 15세기 말에는 이미 커다란 사회문제로 대두되었기에 모어는 《유토피아》에서 작정하고 이 문제를 거론했다.

인클로저는 15세기 영국에서 모직물 수요가 늘어나면

서 발생했다. 영국의 인클로저, 즉 공유지 약탈의 역사는 이보다 오래되었지만 15~16세기와 18~19세기의 두 시기에 가장 집중적으로 전개되었다. 1차 인클로저는 모직공업毛織工業의 원료인 양모생산 때문에, 2차는 산업혁명 이후 급증한 농산물 수요에 대응하기 위해 일어났다. 지방의 유력자들이 울타리를 쳐서 공유지와 농민 보유 토지를 자기 것으로 만들면서 농민 실업, 농가 몰락, 빈곤 증대, 이농離農 등과 같은 커다란 사회문제가 발생하였다. 모어 같은 당대 지식인들의 비판에도 불구하고 인클로저는 저지되지 못했고, 수많은 희생이 역사적 사건으로 기록된 채 남겨졌다.

두 차례의 인클로저는 산업혁명 전후에 진행되면서 영국 자본주의 전개와 보조를 같이하였다. 가장 주목할 만한 현상 중 하나는 농촌에서 일어난 약탈이 사유화를 통한 계급 분화로 이어졌다는 점이다. 인클로저에 의해 자기 땅을 잃은 중소농中小農은 지주나 농업자본가 밑에서 일하는 농업노동자가 되거나, 아예 농촌을 떠나 도시에서 공업노동자가 될 수밖에 없었다. 이들은 자본주의의 근간인 노동계급을 형성한다. 모어는 이 문제를 심각하게 받아들였으나, 아직 자본주의의 자기전개라는 관점에서 파악하지는 못했다. 모어 사후인 1549년 영국 노퍽주州에서 농민 케트를 지도자로 하여 발생한 케트반란은 인클로저와 직접 연결된 농민반란이다.

인클로저 운동은 자본주의 발생기(맹아기) 혹은 초기 단계의 본원적 축적 또는 원시적 축적과 관련된다. 거시적 관점에서 파악하면 인클로저 또한 자본주의로 가는 길을 닦은 셈이다. 그러나 그렇다고 하여 기계론적 역사관에 근거하여 역사적으로 이미 발생한 인클로저 같은 것이 불가피했기에 어쩔 수 없었다거나 인클로저 비판이 무익한 것이었다고 손쉽게 단정하고 넘어가는 태도는 곤란하다. 그 태도는 역사의 주인이 인간이라는 가장 기본적인 전제를 망각한 것으로, 그러한 망각은 인간이나 국가가 거대한 흐름에 휩싸였을 때 그냥 떠내려가는 게 최선이라는 탈脫역사적 무력無力만을 산출하게 된다. 비록 역사의 전체 흐름을 꿰뚫을 수 없었지만, 자신이 확보한 전망 안에서 인간의 고통에 가슴 아파하고 거대한 그 흐름을 되돌리지 못하더라도 그 고통을 줄일 수 있는 방법을 찾으려 애쓴 모어 같은 사람의 존재 의의는 확고하다.

농촌에서 진행된 원시적 축적을 가장 간명하게 보여주

는 인클로저는 자본의 원시적 축적이 사회에서 어떤 형태로 이루어지는지, 어떤 사회적 연원을 갖는지에 관한 생생한 역사적 소묘로 기능한다. 자본의 발생과 자본주의의 성립과 발전 그리고 자본 권력의 구축 및 공고화에 이르는 모든 과정에서 자본의 정치경제학적 특성은 일관되게 관철되는데, 인클로저 또한 명백하게 정치경제학 현상이었음을 이해하는 게 중요하다.

인클로저는 사회적으로 공유하는 자산에서 테두리를 치는 형식으로, 즉 누군가 테두리 안에 사유를 형성하고 테두리 밖에 사유私有와 배타성을 선언함으로써 일단 완성된다. 사유화가 일어나면서 필연적으로 뒤따르는 배제를 통해서, 허술하긴 했지만 그동안 기존 사회안전망에 포괄되었던 다수의 농민과 지역주민이 사회안전망에서 내쫓김을 당한다. 이러한 축출은 자본에 의해 일방적으로, 동시에 상대의 동의 없이 폭력적으로 진행되는데, 아직 근대국가 이전 단계에 머물러 있던 영국 정부는 수수방관하였다. 지역의 공동체들은 균열을 일으키며 극심한 사회변동에 휘말렸다. 장차 근대국가에 포섭될 왕정 하의 광대한 지역에서는, 역사에서 우아하게 '자유 방임'이라고 표현된 통치

권력의 묵인(또는 동조) 혹은 무능 아래 자본의 축적·전횡과 프롤레타리아 계급의 출현이 동시에 목격된다. 시장과 자본주의를 본격적으로 출범케 한 거대한 역사의 첫 단계였다. 그 첫 단계는 자본의 원시적 축적 과정과 마찬가지로 경제적 과정이자 정치적 과정이었다고 정리할 수 있다.

옛말에, 가난이 심해지면 남자는 도적이 되고 여자는 몸을 판다고 했다. 《유토피아》에서도 빈곤과 도적질을 이야기하고 인클로저와 연결 짓는다. "당신 나라의 양 떼가 사람들까지 먹어 치운다"라는 대목이 바로 인클로저를 직접 비판한 대목이다. 격렬한 사회변동의 시기에는 하층민 혹은 민중이 한계상황으로 몰려 적잖은 숫자가 희생되는 동시에 간혹 예기치 않은 새로운 역사의 현상으로 연결되는데, 이미 언급하였듯 인클로저에서 같은 양상이 전개되었다.

"Sheep are eating men.", "Sheep devour men."과 "Man-eating sheep"은 양을 키우기 위해 인간을 짓밟은 당시 세태를 고발한 표현이다. 인클로저가 '테두리 치기'인데, 테두리를 쳐놓은 그 안에 인간이 없고 양만 있는 풍경을 두고 《유토피아》에서는 양이 인간을 먹어 치웠다고 지적하였다. 틀린 말은 아니었다.

양이 인간을 먹는 현상은, 공유지를 포함하여 가능한 한 많은 땅을 울타리로 둘러막아 목초지로 만들고 양을 키우는 1차 인클로저 때의 이야기다. 모어가 목격하지 못한 2차 인클로저에선 양이 사라진다. 인간이 양에 먹힌 1차 인클로저는 모직산업에 공급할 원재료를 생산하기 위해 농촌에 목초지를 가능한 한 많이 만들고 거기다 양 떼를 풀어놓았기에 겉보기엔 평화로운 전원 풍경을 연출하였을 것이다. 농촌에서 모직산업에 원재료인 양모를 공급하기 위해 양을 키웠다는 사실은, 그때 요즘 '공급사슬'이라고 부르는 것의 초보적 형태가 만들어지기 시작하였고, 또한 전국 단위 혹은 국민국가 차원의 시장의 맹아가 출현했다는 의미로 받아들일 수 있다. 전원 풍경에 숨은 사회과학이다.

1차 인클로저에서 시장화에 따른 변화를 경험한 농촌은, 자본주의가 본격화한 2차 인클로저에 이르면 더 강력한 시장화의 압력에 노출되었을 것으로 추측할 수 있다. 1차 인클로저 당시 모직물이란 특정한 상품시장과 수직적 연계를 구축한 농촌은 2차 인클로저에서는 노동이란 더 진화한 자본주의 상품과 관계를 맺는다. 자본주의 발전과 함께 도시화와 맞물려 더 확대되고 정교해진 노동시장이 형성되면서 농촌은 식량을 생산하여 노동시장에 공급하는 형태로 재편성되었다. 농촌에서 강제로 유출된 '1차 인클로저의 배제자 집단'의 후손은 2차 인클로저 시점엔 도시의 공업노동자 집단으로 전환한 상태다. 농촌은 과거에 먹을 것을 빼앗고 쫓아낸 사람들에게 이제 먹을 것을 공급하게 된다. 1차 인클로저의 후손을 먹이기 위해 2차 인클로저의 농촌에선 새로운 약탈과 배제, 희생이 일어났다.

인클로저가 1차에서 2차로 바뀌면서 인간을 먹어 치우는 주체가 양에서 인간으로 바뀐 셈이다. 양을 먹이기 위해 인간을 먹는 것과 인간을 먹이기 위해 인간을 먹는 것 사이에서 어느 것이 더 살풍경하였을까. 다행이라고 할까, 모어는 양이 인간을 먹는 것만 보았지, 인간이 인간을 먹는 것은 보지 못하였기에 그의 문제의식은 "Man-eating sheep"에 국한하였다.

모어의 인클로저 비판은 당대 (지금 기준의 자본가는 아니지만 넓게 보아 자본주의적 자본가라고 할) 자본가에 대한 비판으로 자연스럽게 연결된다. 시장이 몇 명의 부자에 의해 거의 빈틈없이 통제될 것이며, 가난한 사람들을 가장 열악한 환경에서 성장하도록 방치하고, 또 이들이 어릴 적부터 구조적으로 타락하도록 조장한다고 한 모어의 지적은 지금도 유효하다. 자본주의라는 세계사적 변동을 인식하기에는 모어의 생존 시기에 아직 그 징후가 미미하였다. 그러므로 모어에게서 마르크스가 《자본론》에서 펼친 것과 같은 자본에 대한 과학적이고 체계적인 분석을 기대할 수 없다. 그러나 나타난 징후와 주어진 한계 안에서 모어가 시대의 동향을, 그것도 민중의 편에 서서 인식하고, 고통에 공감하는 한편 고통을 경감할 방도를 찾으려고 애썼다고는 말할 수 있다.

격동의 시기를 살아낸 인문주의자

모어는 자수성가한 법조인 존 모어 John More의 장남으로 1478년 런던에서 출생했다. 할아버지가 제빵사였던 것으로 보아, 모어의 아버지 때에 가문을 일으켰다고 추정할 수 있다. 존 모어는 판사가 되었고 기사 작위도 받았다.

존 모어는 아들이 가업을 잇기를 바랐다. 자신처럼 법조인의 길을 걷기를 원했기에 모어가 6살이 되자 학교에 보내 라틴어와 수사학 등 인문교양을 쌓게 하였다. 르네상스 시기를 살아낸 모어의 아버지와 마키아벨리의 아버지가 자녀 교육에서는 비슷한 입장이었던 셈이다.

비극적으로 생애를 마치긴 하였지만, 모어의 일생은 대체로 탄탄대로를 걸었다고 할 수 있다. 평온한 죽음을 맞기엔 그의 시대가 격변기였다. 당장 떠오르는 주변 인물로는 《우신예찬》을 쓴 르네상스 시기의 대표적 학자 에라스무스(1466?~1536)를 들 수 있다. 에라스무스는 격변기의 중심에 선 인물이었다. 게다가 《우신예찬》은 런던의 모어 집에서 집필된 것으로 전해진다. 르네상스 시기의 유명한 우정으로 전해지는 두 사람의 관계는 1499년 에라스무스가 런던을 방문했을 때 시작되었다.

모어의 주변 인물 중에 그에게 가장 큰 영향을 미친, 그의 운명을 좌우한 인물은 헨리 8세였다. 모어의 공직 경력은 헨리 7세 치세에서 시작했지만, 헨리 8세(1491~1547) 궁정에서 꽃피웠다. 헨리 8세 치세(1509~1547)는 영국 역사 중에서 세계적으로 가장 널리 알려진 시기다.

모어는 1523년 영국 하원 의장, 1529년 대법관에 오르면서 정치 인생의 전성기를 맞지만, 1530년 헨리 8세가 왕비 캐서린과 이혼하고 궁녀 앤 볼린과 결혼하는 문제로 교황 클레멘스 7세와 대립하는, 영국 역사에서 가장 유명한 장면에 주역으로 참여하게 되고 끝내 국왕의 의견을 따르지 않으면서 1535년 형장의 이슬로 사라졌다. 그가 죽음을 불사한 이유는 신앙이었다.

가톨릭교도로서 모어는 1521년에 국왕 헨리 8세를 대신하여 '일곱 성사聖事 옹호'란 제목으로 루터에 대한 반박문을 쓰는가 하면 대법관으로서는 6명의 개신교도를 화형에 처했다. 그의 개신교도 화형을 두고, 개신교에 맞서 가톨릭을 지키기 위한 광신적 행위라기보다는 정치와 종교가 뒤얽힌 혼란기에 자신의 직무를 수행하는 과정에서 빚어진 불가피한 선택이었다는 평이 많다. 그가 대법관에 재직한 시기는 캐서린 왕비와의 이혼 문제로 헨리 8세와 로마교황청 사이의 갈등이 정점에 달했을 때였다.

종교개혁에 부정적이었던 모어는 당연히 가톨릭 신앙과 교회의 질서를 확고하게 수호하고자 하였고, 그런 그가 앤 볼린의 자녀들을 권력의 정당한 계승자로 인정하기는 불가능하였을 것이다. 헨리 8세 궁정에서 승승장구했지만 결정적인 선택의 순간에 자신의 양심을 배반할 수 없었던 모어는 1535년 7월 6일에 처형되었다.

모어가 독실한 가톨릭교도이긴 하지만 모어의 양심이 꼭 종교에만 국한하지는 않는다. 그는 《유토피아》에서 드러나듯 공화정을 동경하였고, 현실에서 마주친 군주정에서는 군주정을 받아들이면서도 일부라도 공화정의 요소를 구현하기를 희망했다. 신민臣民보다는 인민人民을 정치 주체로 선호하였고, 권력의 정당성이 (만일 가능하다면) 자유롭고 평등한 인민의 동의에서 확보된다고 믿었으며, 민주주의의 핵심이라 할 표현의 자유를 중시했다. 1523년 하원 의장을 맡기 전에 모어는 표현의 자유를 보장해 달라고 헨리 8세에게 청원하였다고 한다. 모어는, 나아가 인민의 삶을 도탄에 빠뜨리는 참주는 살해할 수 있다고 보았다. 국왕 아래서 신하로 봉직했으나 그의 이상은 현실 훨씬 너머에 존재했다고 하겠다. 그 국왕이 보기에 따라선 참주라고 할 수 있었으나, 모어에게 실제로 참주 살해가 가능하지 않았다고 할 때 '유토피아'는 말 그대로 어디에도 존재하지 않는 곳이었다고 하여야 할까.

'저항자'로 산 가톨릭교도, 공화주의자로 산 절대왕정의 충신

모어는 가톨릭 신자였고, 가톨릭 신자로 죽었지만, 지행일치의 현실참여와 적극적인 저항자의 삶을 추구했다. 진정한 철학적 삶은 자신의 재능과 열정을 공적인 일에 바치는 데서 가능하다며 일부 인문주의자들의 고답적 태도와 분명하게 선을 그었다. 그의 삶을 일별하면 알 수 있듯이, 모어는 현실정치에 깊숙이 개입하였고 현실정치의 와중에서 목숨을 잃었다.

그렇다면 목숨까지 내어놓을 정도로 현실정치에 뛰어들어야 하는 까닭은 무엇일까. 당연히 입신양명만은 아닐 것이다. 모어는 사회개혁가로서 원대한 역사적 전망을 펼쳤다. 시대의 변화를 읽지 못하고 중세식의 명예욕에 휘둘려 사감私憾의 전쟁을 벌이는 군주, 타인의 피땀에 기생하는 무위도식의 귀족, 무엇보다 양을 먹일 목초지를 넓히기 위해 농촌의 공동체를 파괴하는 인클로저 참여자. 그는 모든 부조리와 지배계급의 전횡을 비판했다. 《유토피아》는 교황 중심의 부패한 기존 교회를 비판한 루터의 '95개조 반박문'과 마찬가지로 기성 질서를 비판한 '반박문'이라고 할 수 있다. 다만 종교가 아닌 사회를 비판했으며, 루터보다는 조금 더 온건한 방식을 취했다고 할 수 있다.

그러나 관점에 따라서는, 모어가 꼭 온건한 노선을 취했다고 보기는 힘들다. 가톨릭교회에 저항하여 프로테스탄트 교회를 일으키는 현실정치의 과정에서 루터는 적잖게 현실적인 타협노선을 수용했다. 반면 모어는 자신의 삶을 종결짓는 방식에서 드러나듯 때로 결연한 비타협 노선을 고수했다.

사유私有를 중심으로 파악하면, 앞서 살펴본 대로 인클로저에 대해 모어는 가차 없이 비판했다. 지주나 부자의 탐욕이 일으킨 인클로저로 농촌사회가 몰락하고 다수의 빈민이 출현했다. 농촌에서 쫓겨난 농민이나 농촌사회의 주변부 구성원은 극빈층 부랑자가 되어 이곳저곳을 떠돌아다니거나 도적 떼가 되었고, 국왕의 정부는 인클로저라는 사회문제를 인식하고 근본적인 치유책을 찾는 대신 오히려 희생자나 피해자에게 가혹한 처벌을 가하는 등 대증요법으로 일관하였다. 군주를 포함한 지배계급은 이 사태를 해결할 능력이나 의지가 없어 허황하게 전쟁을 일삼을 뿐이다. 《유토피아》 1권에서 전개된 영국 사회의 병폐에 대한 비판은, 비판의 목적이긴 하지만 디스토피아에 중점을 둔다.

2권에서는 대안으로 공화정을 시행하는 '유토피아'를 그려내는데, 우선 인클로저에 초점을 맞춘 모어의 해법은 불가피하게 사유재산제 비판에서 시작한다. 인클로저 비판은, 인클로저 이전의 농촌에서 관철된 공동체적 삶과 공유재산, 공유재산에 대한 기본적 존중을 깔고 있을 수밖에 없기에 논리상 사유재산 공격으로 귀결할 수밖에 없다. "사유재산이 있고 돈으로 모든 곳이 평가되는 곳에서는 나라가 정의롭고 번성하기란 도저히 불가능하고 … 사유재산제가 완전히 폐지되지 않는 한 공정한 사회는 이루어질 수 없고 사람들의 생업 또한 행복하게 이루어질 수 없다"라고 모어는 말한다.

그렇다면 모어가 공산주의 사회를 꿈꾸었다고 판단하여도 좋을까. 그럴 수도 있고, 아닐 수도 있다. 공산주의라는 용어의 함의가 커서, 마르크스가 정식화한 과학적인 공산주의가 있는가 하면, 공산주의에 근접한 또는 공산주의를 표방한 20세기의 사회주의 국가가 있고, 사유와 자본주의를 근간으로 하는 탐욕의 메커니즘을 탈피한 공유와 공산의 공동체적 이념까지, 다양한 설명이 존재한다. 시기상으로 모어는 당연히 마르크스주의자나 사회주의자가 될수 없었다. 그렇다면 후대의 기준을 소급 적용하여 모어를 마르크스주의자 혹은 사회주의자로 볼 수 있느냐고 묻는다면, 나는 '그렇다'라고 대답하고 싶지만 약간 양보하여 '그러한 경향을 보인다'라고 말하겠다.

지금 일반적으로 수용되는 공산주의와는 다르지만, 당대에 막 생겨나기 시작한 자본주의적 사적 소유, 자본주의적 탐욕에 불편한 감정과 문제의식을 느끼고 그것을 극복해야 한다는 확고한 소망과 의지를 표명하였다는 정도로 이해하면 좋겠다. 오래된 이 문제에 대해선 지금도 답이 찾아지지 않았다. 막 문제가 출제되었다고 할 모어의 시기에 누군가 문제만이라도 정확하게 인식할 수 있었다면 그를 시대를 꿰뚫은 선각자라고 평가할 수 있다. 모어가 그렇다. 모어 나름의 답은 《유토피아》 2권에 나온다. 다만 평등한 분배가 이루어지고 다수의 이익이 보장되는 정의로운 사회의 방법론을 체계적으로 제시하였다고 보기는 어렵다. 그런 세상에 대한 염원을 문학적으로 표현했다고 보는 게 더 타당하다. 물론 당대에는 문학이라기보다는 사회

과학이나 철학에 가까운 '통찰'로 받아들여졌을 것이다.

모어가 공산주의를 바랐는가에 대해서는 정답을 찾기 힘들지만, 공화정에 관해 묻는다면, 적어도《유토피아》에 근거한다면 그렇다고 대답할 수 있다.《유토피아》2권에서 (번역본에 따라 용어가 달라지는데) '원수元首'를 간선제로 선출한 것은 당시가 헨리 7~8세가 통치한 절대왕정 시기임을 고려할 때 높이 평가받을 만하다. 간선이든 직선이든 국민이 국가원수를 선출하게 되는 상황은 시간이 제법 흘러 민주주의가 도입된 국민국가 시대에나 가능하였다. 모어의《유토피아》발간 즈음에는 왕권신수설 등의 절대왕정 이념이 강력하게 포진하고 있었기에, 국민에 의한 국가원수 선출이나 참주 살해를 거론했다는 것은 그 자체로 가히 혁명적이다.

《유토피아》2권에 나오는 이상사회의 공직은 선출직이 기본이다. 평등한 사회의 전제조건이 설정된 셈이다. 공직자의 대부분을 선거로 뽑고 임기가 1년에 불과하기에 군주제와 달리 지배와 복종의 관계가 생길 여지가 거의 없다. 공동으로 사용하는 창고에 물자를 넉넉히 쌓아놓고 주민들이 필요에 따라 쓴다. 이러한 공유제에선 당연히 빈부

격차가 발생하지 않는다. 2년마다 도시인과 농민이 교체되며, 주택을 10년마다 추첨으로 결정한다. 이곳에서는 의식주 전반에 걸쳐 평등의 원칙이 구현된다. 플라톤이 제안한 공동식사나 철인정치 요소, 마르크스의 '자유의 왕국'까지, 모어의 유토피아는 이상사회에 관한 상상 가능한 거의 모든 구상을 포괄한다. 물론 이러한 이상사회를 가능케 할 경제적 전제조건으로서 생산력에 관한 성찰은 나중에 마르크스에 의해 이루어진다.

생산력에 관한 고민 없이 구상한 모어의 이상사회를 사상누각이라고 비웃을 수도 있겠지만, 생산력이 높아진 지금도 이상사회가 요원하고 빈부격차가 더 심한 것으로 보아, 이상사회는 당연히 높은 생산력을 수반해야겠지만 그것을 실현할 핵심 기제는 경제보다는 정치에서 찾아지지 않을까 싶다. 또는 믿음의 문제일 수도 있다.

이처럼 모어의 시대에 비추어 《유토피아》에는 여러 가지 놀라운 발상이 전개됐는데, 6시간 노동제가 그중 하나다. 후대에 샤를 푸리에(1772~1837) 같은 이가 노동자가 하루에 6시간만 일하는 세상을 논한다. 실제로는 1930년대 미국의 켈로그 공장에서 6시간 노동제가 실시된 적이 있을 뿐이다. 지금 노동시간의 국제적 표준이 된 1일 8시간 노동제의 도입만 하여도 19세기 후반~20세기 초반의 일이며, 그 이전에 《자본론》 등에서 고발된 약탈적 노동시간은 살인적이어서 1일 20시간에 육박하기도 하였다. 일자리 공유, 여가 확대 등 여러 이유로 노동시간 단축이 논의되는 세계적 추세와는 반대로 여전히 세계적으로 유례없이 장시간 노동하는 한국 실정에 비추어 500년 전 모어의 발상이 더욱 뜻깊다.

《유토피아》에서 일관된 정신은 평등 원칙과 탐욕 비판이라고 할 수 있다. 마르크스가 과학적 사회주의자로서 그러하였듯, 독실한 가톨릭 신자로서 인클로저의 광풍이 몰아친 영국 사회를 걱정하는 공직자이자 지식인으로서 모어는 물신성을 비판한다.

물신성 비판의 원형은 성서 시대 모세의 출애굽의 한 장면에서 찾아지지 않을까. 구약성서에는 모세가 하느님을 만나러 시나이산에 간 사이에 모세의 백성이 황금으로 송아지를 만들어서 그것을 신으로 숭배하는 대목이 묘사돼 있다. 금송아지 신은, 진리의 신 혹은 올바른 신이 아닌 그릇된 신을 상징하며, 자본주의와 관련해서는 명백하게 물신성을 대표한다. 인클로저에서 나타난 탐욕과 탐욕에 수반되는 잔혹 같은 것은 모어에게 금송아지나 다름없었기에, 모세가 금송아지를 파괴하고 금송아지 숭배자들을 징벌하였듯, 모세 또한 인클로저의 주모자들을 단죄하였다. 《유토피아》 2권에서 황금에 대한 의도적인 경멸은 일종의 문학적 단죄다. 모어는 황금의 용도로 변기나 노예의 족쇄를 제시한다.

죽음의 의미

현실참여적인 모어의 성향과 약간 어긋나는 듯한 대목이 《유토피아》에 등장하여 흥미롭다. 그는 플라톤을 인용한다. 현명한 이는, 사람들이 거리에 몰려나와 비에 흠뻑 젖어있는 것을 보았을 때 그들을 집 안으로 들어가라고 설득할 수 없다면 밖에 나가 봤자 그들과 함께 비에 젖을 뿐 아무 도움이 되지 않으리라는 것을 알고 있다. 따라서 그들의 어리석은 짓을 고칠 수 없을 바에는 차라리 집에 머물러 있으면서 자기만이라도 비에 젖지 않는 것을 다행으로 생각하여야 한다고 말한다.

비유 차원의 논의를 이어가면 어떤 사람은 모어의 생각이 현명하다고 하고, 어떤 사람은 그래도 같이 비에 젖으며 어리석음에 동참해야 한다고 말할 터이다. 인용문 자체로는 모어가 가진 현자의 태도, 중용의 철학 같은 것이 느껴진다고 말할 수 있겠다. 그러나 생각은 생각일 뿐, 현실 역사에서 사실 모어는 비를 맞으러 나간 유형에 속한다. 그는 피할 수 있었을 단두대를 피하지 않았다.

중도적인 선택으로 잠시 비를 피한 채 집 밖에 안 나가며 사태를 주시하는 것이 나쁘진 않을 수 있지만, 어떤 상황에서는 종국에 나갈지 안 나갈지 하는 결단에 내몰리기에 '중도'라는 게 끝까지 가능한 선택이 아니다. 개인적인 판단으로, 모어는 기본적으로 관망하고 싶었지만 결국은 못 견디고 빗속으로 걸어 나간 사람이 아닐까 한다.

조금 더 논의를 진전시키면, 참지 못하고 비를 맞으러 나갔다는 (드러난) 결과가 같을 때도 원인은 다를 수 있다. 모어가 '아래로부터 위로'의 민중주의자라기보다 '위로부터 아래로'의 개혁주의자에 가깝다고 한다면, 민중과 함께

하거나 민중 속으로 들어가기 위해 '빗속'으로 나가기를 선택했다는 판단은 유보하자. 대신 '탑다운 top-down'의 유토피아를 꿈꾼 한 사람으로서 '탑 top'이 잘못됐을 때 '탑'을 구성하는 일원으로 책임감을 느껴 행동하기를 마다하지 않았다는 분석이 더 유효하지 싶다. 철학의 문제는 최종적으로 윤리의 문제로 전환한다. 모호하지만, 가치가 더 중요한 시점이 있고 존엄이 더 중요한 시점이 있다고 말할 수도 있다.

모어가 죽음을 받아들임으로써 '빗속'으로 걸어 나간 행위의 이유를 꼭 종교적인 것으로 국한할 이유는 없어 보인다. 당대에는 종교적 신념을 지키는 것 자체가 정치적 신념을 지키는 것과 일치했기 때문이다. 이때 존엄의 성격을 다시 한번 따지고 들자면, 다른 '어리석은' 사람들이 비를 맞고 있을 때 '저들이 비를 맞는 행동이 비록 무의미하더라도 내가 그 어리석음의 일원이 되지 않을 수는 없겠다'라며 동참하는 사람과, '이러한 상황에서 내가 비를 맞지 않고는 견딜 수가 없다'라는 개인적인 혹은 실존적인 이유로 집 안에서 벗어나는 사람이 있다. 비 맞는 것을 두려워하든 두려워하지 않든, 동기에서 어떤 차이가 나든, 두 사람 모두 기꺼이 비 맞기를 선택했다는 측면에서는 결과가 같다.

　민주주의만 그러한 것이 아니라 국가 또한 피를 먹고 자라며, 국가의 불행한 시기에 존엄하고 가치 있는 피가 많이 뿌려질수록 국체가 보전된다는 전제하에, 그 국가는 존엄하고 가치 있는 공동체로 발전할 가능성이 커진다. 모어는 사후 400년이 지난 1935년 교황 비오 11세에 의해 시성諡聖되었으며 이후 2000년에 교황 요한 바오로 2세에 의해 흥미롭게도 '정치가와 공직자의 수호성인'으로 선언되었다. 1535년 7월 6일 사형집행인과 농담을 주고받으며 참수당한 모어는, 특별한 의식儀式이야 없었지만, 영국이란 국가의 입장에서 보면 죽음의 순간에 이미 그 나라의 성인이 되었다고 하여도 틀린 말은 아니다.

7장

여명에서 어둠으로 단호한 한 걸음
토마스 홉스 《리바이어던》

    토마스 Thomas란 이름을 가진 저명한 철학자로는 단연 토마스 아퀴나스를 들어야겠지만, 토마스 홉스(Thomas Hobbes, 1588~1679)는 토마스 모어와 함께 근대의 여명을 연 철학자로 '토마스계系'를 대표한다 해도 손색이 없다. 현대 철학자로는 토마스 쿤이 생각난다. 철학자는 아니지만, 한국어 성경엔 '도마'로 표기된 예수 열두 제자의 한 사람 토마스가 있다. 도마는 처음에 예수의 부활을 믿지 않다가 제 손으로 예수 몸의 상처를 확인하고 나서야 부활을 믿은, 말하자면 회의주의자 겸 실증주의자의 원조로 알려져 있다.

홉스는 영국사에서 헨리 8세 재위 시기(1509~1547) 못지않은 격변기라 할 17세기에 활동한 사상가다. 왕권신수설을 신봉한 찰스 1세가 단두대의 이슬로 사라지는 장면과 올리버 크롬웰의 단명短命한 공화정치(1649~1658)를 목격한 사람이다. 《리바이어던》(1651)으로 알려진 그의 저서 원제는 《리바이어던 혹은 교회적 및 정치적 국가의 소재, 형체 및 권력》이다. 책 제목에 들어있는 '리바이어던 Leviathan'은 구약성서 욥기 41장에 나오는 바다의 괴물 이름인데, 출처를 모르는 비非기독교인도 홉스를 통해 이 이름에 익숙해 있어 '리바이어던'은 사실상 보통명사처럼 사용된다. 홉스를 대표하는 키워드로는 '리바이어던' 외에 '만인 대 만인의 투쟁'이 있다. 각기 독자적인 상황과 맥락을 갖는 두 키워드는 홉스의 사유 안에서 하나로 연결된다. 근대사회에 큰 영향을 미친 사회계약론 사상에서 홉스의 위치와 기여는 확고하다.

홉스를 따라다니는 오해

　토마스 홉스는 꽤 나이가 들어서인 1651년에 《리바이어던》을 썼다. 장 자크 루소의 《사회계약론》(1762년)보다 출간 시기가 1세기가량 앞선다. 《리바이어던》에 대해 이 책이 보수적이고 반동적인 사상을 담고 있다는 선입견이 널리 퍼져 있지만, 이 책에서 홉스가 펼친 사유는 생각보다 혁명적이다.

　《리바이어던》 13장에서 홉스는 "사람은 날 때부터 평등하다"라고 주장한다. "자연은 인류를 육체적·정신적 능력에서 평등하게 창조했다"라는 홉스의 언명은 프랑스혁명 발발과 함께 나온 '인권선언'과 크게 다르지 않다. 홉스가 살던 절대왕정 시기에 인간이 육체적으로나 정신적으로나 평등하다고 생각한 사람은 거의 없었을 것이다.

　물론 그 평등이라는 것이 '결과의 평등'이라기보다는 '기원의 평등'이라고 할 수 있기에 현실에선 공염불에 그칠 확률이 높긴 하다. 예컨대 '인간에게 주어진 선천적이고 후천적인 다양한 차이에도 불구하고 인간은 다른 인간을, 사회는 그 구성원을 평등하게 대해야 한다'라고 말한다면 이

때 그 평등은 결과의 평등이다. '차이'에는 성취와 역량의 차이가 포함된다. '불구하고' 앞에 명시된 '전제'를 현실에 적용하는 과정에서 왜곡이 일어날 수 있겠지만 전제와 무관하게 결과적으로 평등을 구현해야 한다는 견해는 가장 높은 수준의 도덕주의다.

열린(혹은 모호한?) 전제와 분명한 실천을 결합한 이 입장은 칸트적인 방법론이다. 인간은 다른 인간을 평등한 존재로, 즉 존엄하게 대해야 한다는 정언명법의 '무조건적' 도덕적 구상이다. 아는 것만 알고 모르는 것을 모르는 칸트의 형이상학적 대각성이 윤리적으로는 엄격한 준칙으로 이어졌다고도 말할 수 있다.

가정해서, 홉스가 만일 인간을 수단이 아니라 목적으로 대하라는 칸트의 주장을 접했다면, 어떤 반응을 보였을까. 내 생각에 홉스는 흘려들었지 싶다. 칸트와 비교해, 현실에서 현실적인 해법을 찾아내야 하는 성미였다고 해야겠기에 인간이 평등하다는 생각을 결과로 실현할 방도를 찾아내지 못하는 한 홉스가 '허망한' 준칙에 매달리지는 않았을 것 같다. 아마도 홉스가 모색한 해법은, 평등한 기원을 갖는 모든 인간이 현실의 제약 때문에 평등하게 살지는 못하지만, 그 제약 속에서 가능한 한 덜 불평등한 삶을 살 수 있는 길이었으리라고 추측된다.

생명에 위해를 가하는 것을 포함해 서로에 대해 동등한 권리를 가지고 있으며, 따라서 서로가 서로에 대해 계약을 맺을 수 있는 주체라는 것이 홉스가 생각한 인간이었다. 여기서 분명히 하고 넘어갈 것이 '계약의 주체'에서 언급된 홉스의 주체가 근대성에서 말하는 주체와 다르다는 점이다. 근대성의 주체는 인간으로 하여금 신을 대체케 한다는 존재론의 근본적 전환에 따른 불가피한 개념이지만, 홉스의 계약 주체는 존재론적 고민과는 별개인 도덕주의적이고 정치철학적인 개념이다.

최초의 인간, 혹은 기원의 인간에 관한 인식으로 판단하면 홉스는 분명 자유주의 계열에 속한다. 그러나 그 인간은 홉스보다 살짝 후대인 존 로크(1632~1704)에게서 시민市民으로 분명한 질적 전환을 이룬 것과는 달리, 홉스에선 여전히 신민臣民이다. 신민은 사회계약론 논의에서 말하는 '최초의 인간'은 아니지만, 당시 영국 땅의 현실에 존재하는 인간인 신민을 염두에 두며, 신민 이전의 최초의 인간을 홉스가 상상한 것에 비춰볼 때 그에게 중요했던 건 존재론적 전환이 아니라 정치철학적 타개였다고 추측하게 된다.

홉스에 대한 흔한 비난 중엔 전체주의자라는 표현이 들어있다. 플라톤의 사상이 두 갈래로 수용된 것과 비슷하다. 플라톤을 전체주의자라고 보는가 하면 이상주의자라고도 보는데, 실제로도 그에게서 두 가지 면이 모두 목격된다. 플라톤과 비교하자면 홉스에서는 이상주의보다는 자유주의적인 성향이 두드러진다. 그 성향이 현실주의적인 돌파로 이어졌기에 홉스는 플라톤보다 전체주의자라는 비난을 더 많이 받았다. 존재론 혹은 형이상학적 탐색에 큰 관심을 기울이지 않은 실용적 사유의 그늘인 셈이다. 홉스라는 프리즘을 통과한 당대의 자유주의적 실용은 군주제 옹호로 귀결된다.

그 돌파구는 널리 알려져 있듯이 리바이어던의 설정이다. 그러나 '괴물' 리바이어던을 불러내는 과정을 찬찬히 살펴보면 그 과정이 생각보다 '리바이어던스럽지' 않다는 것을 알 수 있다. 홉스는 자연법에 근거해서 리바이어던을 도출한다. 개인의 경험과 인식, 내면의 열정에 근거한 마키아벨리의 《군주론》과 달리 홉스는 자연법에 기대어 리바이어던을 구축했다.

홉스는 리바이어던이 성립되는 근거로 자연법에서 세 가지를 들었다. 첫째, 서로 평화롭고, 둘째, 남에게 자기가 (남에게) 허락할 수 있는 이상을 요구하지 말고, 셋째, 신약 信約을 준수하는 것이다. 홉스는 리바이어던을 마구잡이로 등장시킨 게 아니라 자연법에 입각하고 타당한 방식으로 권리 위임된 하나의 합의체를 구상하였다. 이 자연법적 구상은 동시에 도덕철학적 구상이 된다.

실정법에 대비되는 자연법은 말하자면 칸트의 정언 명법처럼, 이성의 계시에 의해 혹은 신법神法에 따라 받아들여질 수 있는 개념이다. 몽테스키외는《법의 정신》에서 "자연법이라고 명명되는 것은 그것들이 오로지 우리 존재의 체질에서만 유래하기 때문이다. 이 자연법들을 잘 인식하기 위해선 제반 사회가 설립되기 이전의 인간을 고찰해야 한다. 자연법이란 결국 인간이 이와 같은 상태에서 받는 법들일 것이다"라고 말했다. 설명은 다소 모호하지만 '최초의 인간'이 핵심이라는 사실은 금세 파악된다.

이처럼 특별한 검증이 필요하지 않고 모두가 수용할 수 있는, 인간 이성으로써 서로에게 공유될 수 있다고 믿는 공리 같은 것들, 즉 자연법에 근거하여 구상된 국가의 모습이 홉스의 리바이어던이다. 개인들의 평등을 강조하고 그들의 자유를 인정하고 자연법을 준수하는 가운데, 각자의 자유를 유보할 권리의 행사를 통해 개인의 자유를 유보하고 위임하기로 집단으로 계약을 맺어, 자연법 개념에 의거하여 형성되는 어떤 초개인적 존재, 즉 국가(Commonwealth)에 통치를 맡긴다는 발상. 그것을 그저 전체주의 국가론의 하나로 치부하는 것은 무리다. 현실에선 군주제로 귀결하지만 지향에선 공화주의를 엿볼 수 있게 한다.

현대국가가 (구상으로 그쳤지만) 리바이어던보다 나으냐고 묻는다면, 난 아니라고 대답하겠다. 《리바이어던》에서 설정한 국가의 모델이 너무 단순하고, 정교한 정치체제를 갖추지 않았기 때문에 비교를 위해 살을 붙여가며 상상하자면, 리바이어던의 이념은 현대국가의 여러 가지 찬란한 수사, 화려한 제도의 이면에 존재하는 본질적인 계급지배를 넘어선다. 사실 리바이어던 같은 국가는 역사상 한 번도 나타난 적이 없다. 지금까지 역사에서 명멸한 모든 국가는 약간의 드문 예외를 찾을 수 있을지 모르지만, 변함없이 계급국가였다. 인간은 대체로 (상상 속의) 리바이어던보다 못한 국가에서 살았다.

생각해보자. 리바이어던은 하나의 통치체제지만 하나의 공동체이기도 하다. 리바이어던을 성립하게 한 근거 자체가 성립된 이후의 리바이어던을 작동시킨다고 할 수 있다. 평등한 개인들이 자신들의 권리를 유보하고, 평화와 상호존중(혹은 상생?) 그리고 신약의 준수에 근거하여 성립·운영되는 그런 국가. 적어도 현존 국가 중에 그런 국가는 없어 보인다.

평화를 말하자면 공평한 '밥그릇'이 대표적인 평화라고 말할 수 있다. 타인에게 내 밥그릇을 빼앗길 걱정 없이 내 밥그릇을 내가 지킬 수 있는 상황이 보장되었을 때 평화를 운위할 수 있다. 내 밥그릇을 지킬 수 없고 내 밥그릇의 약탈을 공권력이 보장하는 체제가 현대국가에서 암암리에 작동하고 있다면 틀린 말일까.

자연법의 두 번째 근거는 내가 강요당하기 싫은 일을 남한테 시키지 말라는 것인데, 현대 사회가 (나아가, 역사상 존재한 거의 모든 사회가) 내가 하기 싫은 일을 남한테 시키는 사람과 그 반대의 사람으로 구성된 상황임에 비추어, 단순하지만 심오한 요청이다. 비근한 예로 비정규직 노동자 문제를 든다면, 한 직장에서 정규직 노동자와 비정규직 노동자가 동일 노동을 하지만 차등 임금을 받는 현상은 두말할 필요 없이 자연법에 위배된다. 차등 임금을 받는 비정규직 노동의 존재 자체는 개인 간 계약의 문제라기보다는 왜곡된 구조의 수용 문제이긴 하다. 그러나 자연법이 개별 현상 너머의 본원적 이념에 관련된다고 할 때 구조 너머에서는 자연법적 계약의 원형이 웅크리고 있다고 보아야 하지 않을까.

신약의 준수는 어떠한가. 사실 근대국가 또는 '그냥' 국가에서 자연법적 신약信約 혹은 신약의 흔적을 찾을 수 있을지 그 자체가 불확실하지만, 있다손 치더라도 신약이 준수되지 않았음은 너무 확실하다. 만일 자연법적인 신약, 즉 가장 엄밀한 의미로서 공정한 계약이 존재했다고 가정하여도, 그것에 의해 출범한 신약공동체가 신약을 저버리고 항상 계약당사자 전체가 아닌 일부나 소수의 이익을 지켜내는, 그리하여 사실상 신약을 파괴하는, 공동체가 아닌 지배체제로 변화하였음은 역사에서 자명하게 확인된다. 구약성서에서 여호와와 아담 사이에 체결된 신약信約, 즉 다 먹어도 선악과는 먹지 말라는 명령과 수용은 널리 알려진 줄거리에 따라 깨지고, 결국 여호와와 아담·하와가 함께하는 에덴이란 공동체는 폐쇄되고, 아담과 하와가 에덴과 다른 곳에서 에덴에서와 다른 방식으로 삶을 꾸려나가면서 에덴과는 판이한 공동체가 도출된 사연과 흡사하다.

홉스가 제시한 리바이어던은, 현실 역사에서 발견되지 않는다는 그 사실로 인해 오히려 존중할 만한, 가치 있는 이념이라는 역설을 우리는 마주하게 된다.

Immortal God vs. Mortal God

홉스는 당대에 유명한 유물론자 혹은 무신론자였다. 대표적인 청교도 작가인 존 번연이 쓴 《천국과 지옥(Visions of Heaven and Hell)》이라는 책에서 홉스가 무신론으로 인해 지옥에 떨어진 전형적 인물로 그려질 정도였다. 그렇다고 유물론 진영에서 호평을 받은 것 같지는 않은 게, 대표적으로 카를 마르크스는 홉스의 유물론을 "인간 혐오의 유물론"으로 폄하하였다.

당대의 저명한 무신론자 홉스는 리바이어던을 'mortal god', 즉 '죽을 수 있는 신'으로 표현했다. 용어 자체로만 판단하면, 그의 무신론이 신의 자장 안을 벗어나지 못한 것이라고 할 수 있을까. 혹은 동시대인들이 가장 쉽게 이해할 수 있는 단어를 선택하느라 'mortal god'이라고 표현했을까.

아무튼 홉스는 'immortal god(불멸의 신)'과 'mortal god(죽을 수 있는 신)'을 대비시킨다. 이 이항대립은 종교 권력에 맞선, 홉스식 정치철학에 입각한 세속 권력의 투쟁을 뜻한다. 루터의 종교개혁이 장기적으로는 탈종교화, 즉 세속화의 도정을 열었지만, 홉스 시대만 해도 세속화보다는 종교 권력의 다양화 양상을 보였다. 가톨릭, 영국국교회, 청교도 등 당시 영국의 지배세력을 대체할 침로가 'mortal god' 안에 포함됐다고 할 수 있다. 'immortal god'에 맞서 리바이어던이라는 'mortal god'을 흥미로운 대안으로 제시했다는 측면에서 분명 홉스는 자신의 시대를 앞서간 인물이다.

'mortal god'의 함의는 단순하지 않다. 홉스의 보수성을 논할 때 결부되는 절대군주정 옹호라는 논점에는 애매한 구석이 존재한다. 리바이어던, 즉 'mortal god'은 홉스 생존기의 시대적 맥락에 따라 군주제를 지시하게 되는데, 'mortal' 다음에 따라붙은 'god'이란 단어가 상당한 오해를 불러올 수 있다. 인간으로서 신적인 권능을 행사하는 존재, 즉 국왕은 인간으로서는 필멸의 존재이기 때문에 'mortal'이 특별한 의미를 지니지 못하게 된다. 왕은 인간으로서 신의 지위를 차지한 자이기에 'mortal god'이 되며, 'immortal god'은 아니지만 'mortal god'으로서 곧 'mortal god'으로 전화할 가능성을 갖게 된다. 다르게 설명하면 'mortal'이 'human'이란 뜻이기에 'mortal god'은 'mortal god'을 거쳐 'human god'으로 펼쳐질 수 있어서 어쩐지 왕권신수설을 연상시킨다. 시민혁명의 가능성을 명시한 로크와 대비되어 홉스는 그 가능성을 닫았다는 혐의를 받는다.

나는 홉스에서 시민혁명까지는 아니어도 전복의 가능성은 열려 있다고 판단한다. 홉스가 리바이어던을 전복할 수 있는 조건을 명시하지 않았다 하더라도 리바이어던이 성립하는 근거를 제시함으로써 간접적으로 전복의 명분을 제시한 것은 아닐까. 평화롭게 살면서, 서로가 서로에게 원치 않고 부당한 일을 강제하지 않는 상황이 지켜지는 가운데 그러한 자연법적 이상향의 수호자로 초월적인 존재에게 권한을 위임하는 계약이 성립되고 선언되며, 그 신약의 준수 속에서 특정한 정치체제가 만들어져 존속될 때의 그 체제를 리바이어던, 즉 'mortal god'으로 인정한다는 게 홉스의 논리 전개다. 만일 전제가 충족되지 않는다면, 자연법에 입각한 리바이어던이 아니라면, 전제가 무너졌기 때문에 그러한 리바이어던은 불신을 받고 마땅히 전복될 가능성에 직면하게 되지 않을까.

홉스는 구체적인 언급은 삼간다. 문제가 있을 때 뒤엎어야 한다고 말하지는 않았지만, 리바이어던이 'mortal god'이라는 데서 왕권신수설과는 전혀 다른 관점을 찾아낼 수도 있다. 'mortal god'은 앞서 'mortal god'으로 이행할 수 있다고 말했지만, 자연법적 근거와 긴장 속에서 언제든지 소멸할 수 있는 'mortal god'의 존재라고 해석할 수도 있지 않을까. 'immortal god'을 대체하는 기획에서 'immortal god'을 거쳐 'god'에서 완전히 독립된 'immortal(한, 신적이지 않은 존재)'로 가는 길이 불가능하였기에 홉스는 'mortal god'의 길을 호출하는데, 이 길은 앞서 살펴본 'mortal god'과 또 다른 'mortal god'의 두 갈래로 다시 나뉜다고 유추할 수 있다. 전자의 선택은 전체주의나 절대왕정으로 흐를 위험을 갖지만, 후자는 자유로운 정권교체와 같은 공화주의적이고 민주주의적인 전망을 담게 된다.

생존 시 홉스는 당시 영국 사회에서 신앙으론 반反가톨릭 성향이 강한 무신론자에, 정치적으론 왕당파였다. 그는 《리바이어던》을 당시 유럽에 망명 중이던 찰스 2세에게 헌정하였으나 거절당했다. '합리적'으로 군주제를 옹호하려는 홉스의 방식이 찰스 2세와 주변 인사들에겐 탐탁지 않았을 것으로 추측할 수 있다. 절대왕권을 옹호함에 있어 사회계약이라는 개념을 바탕으로 한 홉스의 논리를 불편하게 받아들였을 수 있는데, 찰스 2세와 주변의 우려는 사실 정확한 것이었다. 사람들이 자신들을 위해 계약을 맺고 그 결과로 왕이 권력을 행사한다면 논리적으로 왕의 권력의 정당성은 신민 혹은 시민에게 있기 때문이었다. 즉 'mortal god'에서 'mortal god'만 가능한 게 아니라 또 다른 'mortal god'의 가능성 또한 열려 있기에, 홉스식의 불안한 '사회계약' 왕권보다는 신으로부터 권력을 받는다고 한 왕권신수설이 그들에게 더 깔끔한 논리였다.

왕권신수설은, 근대의 도래와 함께 신이 세속 권력에서 추방될 운명이라는 시대의 흐름과는 동떨어진 것이어서, 논리는 깔끔하지만 점차 현실적용이 불가능해진다는 데서 치명적 결함이 발견된다. 반면 근대성 안에서 절대왕권을 조화하고자 한 홉스의 기획은 그 기획 안에 앞서 살펴본 것과 같은 이중성이 본래 존재하였기에 그의 기획의 민주주의적 혁명성이 로크에 의해 수용되어 발전하게 된다.

현실주의 성향과 소유권

이쯤에서 우리는 홉스가 'immortal god'을 대체하는 리바이어던을 구상하면서 왜 리바이어던을 'mortal god'으로 설정하였을까 하는 궁금증을 갖게 된다. 홉스 사유의 현실주의 성향이 보다 실현 가능한 전환 방법을 선택하였다는 것이 나의 추측이다. 만일 홉스가 'immortal god'을 대체하여 'god' 대신에 'mortal being' 또는 더 정확하게 'mortal human'을 적시하였다면 그는 곧바로 근대를 호명한 게 된다. 그것도 가능한 경로이긴 하지만, 근대를 연 영광은 후대의 인물에게 돌리고 홉스는 조금 더 안전하고 효율적인 경로로서 'mortal god'을 제시하였다. 홉스에게서 존재론적인 근본 전환 대신 정치철학적인 타개가 나타났다는, 앞선 지적은 단적으로 'mortal god'을 통해 파악된다. 다만 무신론자인 홉스가 'god'이란 용어를 선택했다는 사실이 재미있으며 모종의 '신성모독' 또한 전개한 셈이어서 흥미롭다.

홉스의 현실주의 성향 또는 보수성은 그의 출생 일화를 통해 비유적으로 이해할 수 있다. 홉스가 태어난 1588년은 스페인의 무적함대(Armada)가 영국 침공을 기도하다가 유명한 그라블린 해전에서 영국에 패배한 해다. 승리로 끝나긴 했지만, 개전 전이나 초기의 전세는 결코 영국에 유리하지 않았고 영국인들은 자신들의 처지를 말 그대로 누란지위로 받아들였다. 홉스의 출생지는 영국 서남부 월트셔주 맘스베리 외곽의 작은 마을이었다. 영국 남쪽은 스페인군이 상륙했을 때 전화戰禍에 직접 노출될 지역이었기에 그 지방 전역에 걸쳐 주민들이 전쟁 공포에 휩싸였고, 홉스의 어머니 또한 두려움에 사로잡혀 임신 7개월 만에 홉스를 조산하고 말았다. 홉스가 칠삭둥이가 된 데는 이렇듯 세계사적 배경이 깔려 있다. 후일 홉스는 공포와 쌍둥이로 어머니 뱃속에서 나왔다고 자신의 출생을 회고하였다.

아들과 이름이 같은 흡스의 아버지 토마스 흡스는 목사로, 경건한 인물은 아니었던 것으로 전해진다. 주정뱅이에다 노름까지 일삼다가 급기야 교회당 앞에서 다른 목사와 난투극을 벌인 뒤 가족을 버리고 도망쳤고, 이로써 어머니의 공포 속에서 칠삭둥이로 태어난 흡스는 아버지에게서 버림받게 된다. 그러나 다행스럽게 부자인 삼촌의 도움으로 어려서부터 공부를 할 수 있었고 옥스퍼드를 졸업하였다.

흡스는 유력 가문인 카벤디쉬 가문에 가정교사로 들어가 이 가문과 인연을 맺었고, 이 인연은 흡스가 죽을 때까지 지속하였다. 인연이 길지는 않았지만, 흡스가 영국 경험론 철학의 거두 프랜시스 베이컨의 비서로 일한 것도 그의 이력에서 기억할 만한 대목의 하나다. 이후 망명을 떠나는 등 당시 지식인에게서 종종 목격되는, 파란만장하다면 파란만장하다 할 삶을 살다 91살에 세상을 떠난 흡스는, 번연이 지옥에서 흡스를 만났다는 장면을 자신의 작품에서 창작해낼 정도였으니, 무신론자로든 다른 무엇으로든 저명인사였던 건 확실해 보인다.

무신론자인 그가 정치철학 측면에서, 왕권신수설 계열

의 군주제가 아니라 사회계약에 입각한 다른 방식의 군주
제를 제안하게 된 이유 중의 하나로는 홉스 이후 영국 주류
철학자들 사유의 한구석을 장악한, 재산권에 대한 큰 관심
을 들 수 있다. 결론부터 말하면 왕권신수설로는 신흥 시
민계급의 재산권을 지켜낼 논리를 개발하기가 사실상 불
가능하였다.

《리바이어던》에서 홉스는 시민법에 대해 소유권과 국
민의 선과 악에 관한 문제를 규정한 것이라고 명시한다.
소유권 문제는 이 책에서 반복해서 나온다. 이 글의 모두
에서 인간이 평등하게 태어났다는 홉스의 견해를 소개한
바 있다. 모든 인간이 날 때부터 평등하다면 왕과 시민, 거
지가 평등하다는 이야기인데, 인간 존엄성에 관한 확고한
지지는 자연법에 근거한다고 할 수 있으며, 추상적인 자연
법을 떠나 인간 존엄성을 보다 현실적으로 파악하면 소유
권 또는 재산권의 평등을 운위하지 않을 수 없다. 이 평등
은 결과의 평등에 해당한다고 할 부의 평등을 뜻하지 않고,
왕의 재산권이나 거지의 재산권이나 동등한 권리로 존중
받아야 한다는 의미의 평등이다. 그러므로 이 평등은, 왕
이나 귀족처럼 사회적 신분이 높은 사람이라 하여도 그 신

분에 의거해 사회적 신분이 낮은 사람의 재산을 함부로 빼앗을 수 없다는 시민법의 기반을 형성한다. 말하자면 '신분'이 아니라 '계약'의 시대를 열었다. 홉스는 자연법과 시민법을 소유권이란 지점에서 절묘하게 만나게 하였다.

자본주의 발전사를 일별하는 것만으로 쉽게 알 수 있듯이 영국은 자본주의를 선도하였다. 그러려면 소유권 보장과 보호에 관한 국가와 사회의 역할이 다른 경쟁국보다 빨리 확정되어야 하였고, 근대로 넘어가는 영국 철학이 그역할을 수행하게 되었다. 홉스 또한 자신이 의식하였든 못하였든 자본주의 발전의 길을 예비한 대표적 인물이다.

소유권은 홉스 이후에도 로크 등 영국 철학자들이 공통으로 천착한 자유주의 철학의 과제였다. 자본주의 발달과정과 맞물려 정치적 각성을 끌어낸 동인의 하나가 자본가들의 재산권 보장 문제였다는 사실은 중요하다. 부르주아는 자신들의 재산권을 왕이나 종교로부터 지켜낼 힘이 필요하고 실제로 그 힘을 요구하였으며, 이것이 정치동학으로 확장되면 의회혁명으로 가고 영국의 민주주의로 가게 된다. 홉스 등은 자본주의 정신을 정치화하여야 한다는 당시의 시대 상황을 반영한다. 홉스는 《리바이어던》에

서 정의와 소유권은 기본적으로 커먼웰스Commonwealth,
즉 리바이어던의 등장과 함께 시작한다고 기술하였다.
국가의 핵심 책무에 소유권 보장이 적시된 것이다. 참고
로 현재 Commonwealth는 영국 자체가 아니라 영연방
(Commonwealth of Nations)을 표현하는 데 사용되고 있다.

이상국가는 가능할까

플라톤의 철인국가와 마찬가지로 '리바이어던'은 하나
의 모델이다. 리바이어던을 보통 절대군주제의 모색으로
간주하지만, 홉스의 리바이어던을 정확하게 이해하려면
리바이어던 구상에 설정된 자연법적 근거를 보다 중요하
게 파고들어야 한다. 요약하면 평화의 문제, 배려의 문제,
상호신뢰와 신약 준수의 문제다. 그런 원칙에 입각한 자연
법적 통치기구가 출범하게 되면 통치기구는 역으로 그런
원칙을 구성원들에게 강제할 수 있게 된다. 통치기구의 '자
연법적' 강제는, 사회를 만인 대 만인이 투쟁하는 혼란 상

태로 되돌리지 않으려면 불가피하다는, 자연법에 근거하지 않은 상황 논리에 의존한다. 과도적으로 그러한 강제가 때로 부당하여도 이의를 제기해서는 안 된다는 합의 또한 강제되었고, 사회계약 성립 이후에나 작동하여야 할 강제가 사회계약을 성립하게 하려고 사전적으로 작동하기도 하였다. 계속된 실패에도 불구하고 소위 '자연법적 강제'뿐 아니라 '자연법적 상황을 위한 비非자연법적 강제' 또한 러시아혁명을 비롯하여 역사 속의 많은 장면에서 끊임없이 반복되었다.

러시아혁명기에 블라디미르 레닌은 혁명가 집단의 전위당에 철의 규율을 부과하였고 구성원은 명령에 복종하여야 했다. 전위당이라는 리바이어던의 맹아는 소비에트사회주의공화국연방이란 무시무시한 실제 리바이어던으로 탄생하게 되는데, 그 과정에서 말하자면 '자연법적' 방법론에 관한 논쟁이 일어났다.

전위당에 대해서는 레닌과 로자 룩셈부르크 사이의 논쟁이 유명하다. 레닌은 자연법적 정당성을 갖는 당은 과도적으로 당내 민주주의 같은 사소한 '방법론의 자연법'을 유보할 수 있다는 입장이었고, 반면 로자는 레닌의 철의 규율이 중요한 만큼 '자연법적 성취'로 가는 과정에서 민주주의 원칙 또한 포기할 수 없다고 맞섰다.

레닌 사후에 후계자 스탈린이 완성한 '자연법 공화국'은 과도기를 무한정 연장하면서 통치기구의 강제를 초법적인 수준에서 작동시켰다. 한나 아렌트는 이 '자연법 공화국'이 최소한의 (비록 시민의 존재가 불확실하기는 하지만) 시민법도 준수하지 않는, 인류 역사상 최악의 리바이어던의 하나로 전락하는 모습을 관찰하여 보고하였다. 20세기 초반 러시아와 독일의 두 사례에서 모두 자연법에 근거한, 혹은 자연법을 지향한 통치기구가 나중에 어떻게 자연법을 파괴하였는지에 관한 괴물적 현상이 목격된다.

홉스가 《리바이어던》을 저술하던 시기에 후대의 이러한 논쟁과 고민을 사전에 예상하여 그려보기는 힘들었을 것이다. 그의 당대에는 민주주의에 관한 구체적 그림이 나온 적이 없고 사회계약이란 용어가 민주주의를 희미하게 선취하고 있을 뿐이었다. 왕과 아직 변태變態중인 의회가 서로 몽둥이 들고 피 터지게 싸우는가 하면 신민과 시민이 뒤섞여 존재하며 어떤 합의점을 찾아가는 과정이었다. 지금 떠올릴 수 있는 언론·출판의 자유를 비롯한 정교한 민주주의 장치들은 잘해야 상상 속에서나 존재하였을 것이라고 짐작할 수 있다.

홉스는 후대의 레닌, 로자, 아렌트 등에서 보편적이고 어쩌면 선험적 개념처럼 쓰이는 민주주의 대신에 '최초의 인간'을 설정한다. 사회계약 모델에서 '최초의 인간'은 현대 정치철학에서 민주주의라는 용어만큼이나 일반적이다. 평등하게 태어난 최초의 인간들은 곧 만인 대 만인이 투쟁하는 상태, 곧 만인 대 만인이 늑대인 상태, 호모 호미니 루푸스Homo Homini Lupus로 돌입한다. 《리바이어던》은 그러한 고단한 상태에서 해법을 찾아가는 과정을 제시한다. 실제로는 그때가 '최초의 인간'기期를 지난 지 이미 오래인 상태였기 때문에, '최초의 인간' 모델로 해법을 모색한 것이 과연 유효한가에 관한 시비 걸기 수준의 회의懷疑는 가능하다.

후대의 사상가들에게서 변용되어 목격되는 이 논의의 본질적인 고충은 이상과 현실의 상충이다. 평화, 배려, 상호신뢰와 신약 준수의 자연법적 근거로 형성된 공동체는 가장 먼저 소유권이라는 시민법의 과제를 해결해야 한다는 요청을 받았다. 물론 당대에 개인의 소유권을 보장받는

다는 것은 자본주의의 개화開化와 별개로 사실상 천부인권
이나 다름없는 기본권이 지켜진다는 의미였다. 그리하여
자본주의의 맹아기에 소유권 보장에 관한 시민법적 움직
임이 발생하고, 자본은 축적을 시작한다.

문제는 불미스러운 일이 동시에 일어났다는 사실이
다. 소유권이 법적으로 보장되면서 타인의 소유권을 빼
앗는 움직임도 가속한다. 물론 타인의 것을 빼앗는 현상
은 언제나 존재했지만, 약탈이 소유권과 결부되면서 인류
사 초유의 비참이 등장한다. 대표적 현상이 6장에서 살펴
본 '인클로저'다. 지역사회 혹은 지역공동체 전체의 공동소
유로 되어있던 토지에 특정한 이의 이름을 붙여 소유권을
확보한 게 '인클로저'다. 약탈자의 이름을 붙이는 과정에서
지역공동체 구성원 전체가 관여하는 막연한 소유권이 완
전히 소각된다.

자연법적 권리를 보장하기 위해 등장한 커먼웰스의 실
정법 장치는 자연법 파괴를 확증하는 수단으로 변질하기도
하였다. 미세한 갈등과 전면적 갈등의 소지가 모두 존재한
다. 자연법은 내면의 법정에서 준수되는데, 내면의 법정에
서 타당하다고 인정된 것들에 의해 수립된 국가는 실정법

에 따라 작동한다. 시민법은 내면의 법정이 아니라 국가권력이 만든 현실의 법정을 지배한다. 우리가 현실의 정치에서 부딪히는 모든 근본적인 문제는 여기에서 비롯한다. 자연법적 이상을 구현하고자 한 고육지책이 시민법으로 자연법을 파괴한 약육강식의 세상을 초대하고 말았다는.

홉스는 인간을 악한 존재로 보았다. 통제되지 않으면 늑대가 되고 마는 존재. 유물론자인 홉스는 세상을 냉정하게 바라봤고, 그 관찰에 입각하고 현실에 기반하여 구축한 해법이 '리바이어던'이었다. 그것은 우리 안으로 늑대를 몰아넣고 야만을 제어하려는 구상이었다. 그러나 결론적으로 그 구상은 성공적이지 못했다. 우선 우리 역할을 하는 리바이어던 자체의 야만을 미처 예측하지 못했을뿐더러, 나중에 그 야만을 제어하려고 했지만 아직은 효과적인 제어 방법을 찾아내지 못했다. 늑대들을 우리 안에 몰아넣음으로써 야생의 상태와 달리 서로 평화롭게 살기를 기대했지만, 현실은 다수의 약한 늑대들의 퇴로를 차단해 강한 늑대들의 먹잇감으로 전락하게 하는 결과를 낳았다. 우리 안에 양을 몰아넣는 것과 늑대를 몰아넣는 것 사이에 현격한 차이가 있다는 사실을 역사를 통해 우리는 홉스를 대신해

배워가는 중이다. 야생 상태와 비교해, 강한 늑대들은 리바이어던 안에서 더 행복해지고 약한 늑대들은 더 불행해졌다. 알다시피 우리 안의 절대다수는 약한 늑대다.

물론 홉스 이후에 전개된 모든 불편한 상황을 홉스의 탓으로 보는 건 부당할뿐더러 가혹하다. 홉스의 의도가 절대다수를 차지하는 약한 늑대를 보호하려는 것이었다는 데는 전혀 의심이 가지 않는다. 만인 대 만인이 늑대인 상태를 벗어나서 서로가 서로를 늑대가 아니라 인간으로 존중하고 상생할 수 있는 세상에 관한 홉스의 희구는 정당하고 21세기를 살아가는 우리에게 여전히 유효하다. 우리는 홉스 이상以上의 세상을 꿈꾸고 설계할 역사적 경험을 충분히 쌓았다. 《리바이어던》은 지금 홉스가 걱정한 대로의 세상을 사는 우리에게 적어도 다양한 종류의 리바이어던에 맞설 새로운 용기를 준다고, 그의 다음과 같은 유언을 통해 확인할 수 있지 않을까.

"나는 이제 내 생애의 마지막 여정을 떠나려고 한다. 어둠을 향한 단호한 한 걸음(Now I am about to take my last voyage, a great leap in the dark)."

3부

국가에 관한 원형적 모색

8장

처자 공유의 철인이 통치하는 이상국가
플라톤 《국가》

《국가》는 플라톤(Platon, BC 427~BC 347) 하면 떠올리게
되는 그의 대표작이다. 직접 이 책을 읽지 않은 사람이라
해도 철인통치나 '이데아의 동굴' 비유 정도는, 자세히는 몰
라도 다양한 경로로 들어봤을 것이다. 철학사, 특히 서양
철학사에서 플라톤의 위상은 독보적인데, 칸트 정도나 되
어야 플라톤에 이름을 견줄 수 있지 싶다.

칸트 이후의 철학자가 찬성이든 반대든 칸트에 대해
어떤 식으로든 입장을 표명했어야 한다는, 널리 알려진 이
야기는 서양 철학사에서 칸트의 위상을 단적으로 보여주

는 사례다. 당연히 플라톤에 대해서도 비슷한 얘기를 할 수 있다. 그의 위상은 철학사의 범위를 넘어 서구 지성사 전반을 거론하며 논해져야 한다. 예컨대 20세기의 저명한 철학자 영국의 알프레드 화이트헤드는 "유럽의 철학 전통이 가지고 있는 가장 확실한 특징은 그것이 플라톤 철학에 대한 일련의 각주로 이루어져 있다는 것"이라고 말했다.

탈脫정치의 정치, 소크라테스의 트라우마

서구 지성의 원천인 플라톤은 기원전 427년 아테나이에서 명문가의 자제로 태어났다. 플라톤은 어려서 아버지를 여의었고, 남편을 잃은 플라톤의 어머니는 피릴람페스라는 사람과 재혼했다. 후세 사람에게 피릴람페스는 그리스 역사에서 기억될 만한 인물이 아니었지만, 그는 저 유명한 페리클레스의 친구였다. 어머니의 재혼 상대를 통해 간접적으로나마 플라톤 집안의 사회적 지위를 짐작할 수 있다.

플라톤은 전쟁과 정치적 격변 속에서 성장했다. 그가

태어나기 4년 전에 펠로폰네소스전쟁(BC 431~BC 404)이 발발했다. 전쟁 중에 태어나 전쟁 중에 성년이 된 셈이다. 상류계급에 속한 플라톤이 당시 다른 명문가 자제와 달리 정치에 입문하지 않고 '철학자'가 된 데는 스승 소크라테스의 죽음이 큰 영향을 미쳤다는 게 일반적인 분석이다.

소크라테스의 죽음에 앞서, 플라톤이 20대 초반의 청년이던 404년에 아테나이에는 30인 과두 정권이 출현한다. 이 과두 정권에 참여한 플라톤의 외삼촌과 외당숙은 플라톤에게 자신들과 함께하자고 권유한다. 현실정치에 관심이 있었지만, 플라톤은 30인 과두 정권의 실정으로 정치 참여를 망설이며 상황을 지켜보게 된다. 그러던 차에 이 과두 정권은 8~9개월 만에 민주파에 의해 전복된다. 이후 전개된 정치보복에도 불구하고 플라톤이 민주파의 정치 자체를 호의적으로 평가하였기에, 소크라테스의 죽음이란 그 유명한 사건이 일어나지 않았다면 아마 플라톤은 정치가가 되었을 가능성이 크다. 현실정치에 뛰어들고 현실정치에서 크나큰 성공을 거둔다는 가정하에, 만일 그랬다면 플라톤은 고대 그리스의 중요한 역사적 인물로 기록되었을 테지만 지금처럼 모든 철학사의 한 장을 장식하는 불멸의 존재가 되지는 못했을 것이다.

널리 알려진 대로, 존경하는 스승 소크라테스가, 젊은 이들을 타락시키고 나라가 믿는 신을 믿지 않는다는 이유로 고발당해 결국 사형을 선고받아 독약을 마시는 모습을 보면서 플라톤은 철학으로 진로를 변경한다. 소크라테스가 향년 70세로 숨진 399년에 플라톤은 28세였다.

스승 사후에 정치입문을 포기한 플라톤은 이집트·남이탈리아·시칠리아 등지를 여행하며 견문을 넓혔다. 40대 초반인 385년에 아테나이로 돌아와 서양 대학교의 원조라 할 아카데메이아를 열었다. 이곳에서 아리스토텔레스를 비롯한 많은 인재를 양성하면서 집필활동에 전념했다. 주지하듯 그의 저술에는 대체로 스승 소크라테스가 등장해 대화를 주도한다. 스승에 대한 일종의 철학적 오마주일까.

10권으로 구성된 《국가》는 1권과 나머지 아홉 권(2~10권)의 저술 시기가 다른 것으로 여겨진다. 1권을 빼고 나머지 아홉 권을, 플라톤이 50살을 넘겨서 썼다는 게 연구자들의 보편적인 의견이다. 원제는 'Politeia'로 국내 번역서 대부분은 '국가'란 제목을 달고 있다. 과거에 번역된 책 중에는 '공화국'이란 제목을 단 것도 있다. 서광사의 박종현 번역본은 "Politeia의 원래 뜻은 정체政體이기 때문에 그렇게 제목을 달아야 하지만 '국가'가 너무 익숙해 '국가·政體'로 병기했다"라고 밝혔다.

《국가》에서 통치자가 되기 위한 최소 나이로 50세를 제시한 것이 저술 시점과 연결되어 흥미롭다. 동양에서 공자가 50살을 지천명知天命이라고 표현한 것과도 우연찮게 연결된다. 별 의미는 없지만 굳이 따져보면, 플라톤의 생애는 공자(BC 551~BC 479)와 겹치지 않고 소크라테스의 생애(BC 470~BC 399)가 공자와 살짝 겹친다. 플라톤은 공자가 죽고 약 반세기 뒤에 태어났다. 플라톤이 60세이던 367년에, 부왕의 왕위를 계승한 시라쿠사이의 참주 디오니시오스 Ⅱ세의 초청을 받아 철인치자哲人治者의 사상을 전하기 위해 고향을 떠난 모습에서 우연찮게 공자의 주유천하를 떠올리게 된다. 플라톤과 공자 사이에는 유사점이 적지 않다. 비슷한 시기에 동양과 서양 사상의 원류에서 물이 흐르기 시작했고 그 물은 아직 마르지 않고 흐른다.

플라톤이 꿈꾼 kallipolis의 철인통치자는 어떤 모습인가

《국가》에서 중요하게 반복되는 주제는 철인통치다. 일종의 유토피아이자 국가의 이데아라고 할 수 있는 '아름다운 나라'에 해당하는 말이 《국가》에서 'kallipolis'다. 제7권에 등장하는 kallipolis, 즉 '아름다운 나라'의 통치자가 철인이다. 플라톤이 말한 이상국가 치자治者의 모습은 정치권력과 철학을 한데 합쳐놓은 상태다.

플라톤의 사상에서 가장 유명하고 그 저작권 또한 마땅히 플라톤에게 귀속되어야 할 철인통치 이념은 플라톤 이후의 역사에서 수다하게 인용되었을 뿐 아니라 종종 편의적으로 변주되었다. 예를 들어 사회주의 혁명을 추진하는 과정에서 또는 추진하기 위해 레닌이 주창한 전위정당론에 플라톤의 철인통치 이념이 변형되어 적용되었다고 볼 수 있다. 철인통치의 전제는 응당 통치계급의 탁월성이어야 한다. 그러나 현실정치에서는 탁월성이란 전제가 생략된 채 계급 혹은 특정 집단의 통치를 정당화하는 근거로 종종 철인통치가 동원되었다. 소련의 스탈린 통치기를 비근한 예로 들 수 있다. 탁월하기 때문에 통치하는 것이어야 하는데, 통치하기 때문에 탁월하다는 본말전도의 왜곡이 '권력만이 정치를 주장하는' 현실정치에서 심심찮게 일어났다.

현실에서 심심찮게 등장한 이러한 왜곡이 하나의 이유가 되어, 철인통치를 비롯한, 《국가》에서 표명된 플라톤의 사상은 전체주의라는 비판에 때때로 직면하곤 했다. 플라톤을 전체주의자라고 비난한 사상가 중에서 칼 포퍼를 빼놓을 수 없다. 역사를 살펴보면 (플라톤이 꿈꾼 것과 같은) 이상주의 국가가 자칫 (포퍼가 우려한 것과 같은) 전체주의 국가로 전락할 가능성이 상존하기에 포퍼가 플라톤을 '열린 사회의 적'으로 지목한 게 아주 터무니없는 중상中傷이라고 말할 수는 없다.

그러나 논의를 단순화하여 철인통치 하나만 놓고 보면, 동시에 플라톤이 《국가》에서 제안한 바로 그대로 철인통치가 시행된다고 한다면, 그때 그 국가에서 철인통치는 전체주의가 아닌 이상주의를 구현할 큰 가능성을 지닌다.

철인이 통치자 수업을 마치고 검증을 받은 '탁월성의 인물'이란 사실은 중요하지 않다. 핵심은 플라톤이 제안한 '탁월성의 구조'다. 사회를 분석대상으로 삼을 때 대체로 개인보다 구조를 우선 살펴보는 게 합리적이듯, 국가를 논할 때도 그러하리라고 보아야 한다.

먼저 철인통치가 귀족정치하고는 확연히 다르다는 점을 짚고 넘어가자. 대부분의 독자가 플라톤의 철인통치 구상에 처자 공유가 포함된 사실에 당황할 법하다. 얼핏 보아 플라톤과 전혀 어울릴 것 같지 않은 이 대목이 사실 가장 중요하다. 결론부터 말하면 처자 공유를 통해 철인통치는 귀족정치와 달라질 수 있다.

귀족정치의 기본은 혈통이다. 즉 어떤 피를 물려받았는지, 누구의 자식인지가 탁월성을 입증한다. 반면 플라톤의 철인통치 체제에서는 처자 공유로 인해 자기 자식과 아버지가 누구인지 서로 알 수 없게 되기 때문에 어쩔 수 없이 혈통이 소멸한다. 아버지의 탁월성과 아들의 탁월성은 전혀 별개의 현상으로 자리 잡는 구조가 형성된다(그리스 시대인 만큼 남성에 국한하여 설명했다).

과두제가 일반적으로 귀족정으로 귀결하는 불가피한 경향을 보이는 반면 플라톤의 과두제, 즉 철인통치는 귀족정을 원천 배제한다. 재삼 강조하거니와 혈통 자체가 존재하지 않기 때문이다. 자신이 전혀 어찌할 수 없는 '피' 대신, 노력 여하에 따라 자신이 입증할 수 있는 '역량'을 탁월성의 근거로 삼기 때문에 철인통치는 '민주적'이다. 여기서 과두제와 민주주의가 만나는 드문 예외가 출현한다.

플라톤은 말한다. 통치 집단은 공동으로 식사하고 처자를 공유하며 자기 몸뚱이 외에는 소유하지 말라. 통치하되, 즉 권력을 행사하되 아내와 자식을 (개별적으로) 소유하지 말고 (개인적으로) 금과 은을 갖지 말라.

상상해 보면 다음과 같은 결론에 도달할 수 있다. 그런 사람이라면 진짜 국가와 사회를 위해서 봉사하게 되리라고. 철학과 국가권력을 그런 형태로 결합하여 주고, 그들에게 예쁜 여자, 자신의 권력과 재산을 물려줄 자식을 배제한다면 그들은 정말로 공복公僕이 될 수밖에 없으리라고.

이렇게 쉽사리 수긍하게 되는 까닭은 모든 현실정치에서 (남성 중심으로 서술하면) 여자, 자식, 돈이 반드시 권력 및 권력의 실패·부패와 연결되기 때문이다. 특히 현재의 서구 민주주의 혹은 자본주의 정치에서는 권력과 철학이 결합하는 대신 권력과 사적 소유가 결합한다. 그리하여 우리에게 부지불식간에 (금권)과두제가 피할 수 없는 방식으로 주어진다. 이미 너무 친숙해진 이 체제는 외양의 민주성 아래 본질상 억압적이고 폭력적인 (그리고 공공연하게, 동시에 암암리에 착취하는) 구조를 취한다.

플라톤이 제시한 그런 공산주의적인, 동시에 '진정한' 민주주의적인 통치계급 육성 시스템은, 정상적으로 작동한다는 전제하에서 권장할 만하다. 권장할 만한 정도가 아니라 관점에 따라서는 완벽하다. 다만 이 시스템에는 치명적이고 아마 유일한 약점이 있는데, 지금까지 현실에서 실현이 불가능했다는 것이다.

그런 연유로 플라톤에게는 이상주의자의 낙인이 찍히게 된다. 만일 이상주의 자체의 가치를 배제하고 현실 적합성만으로 판단한다면, 앞서 지적한 치명적인 약점의 귀결로 이상주의는 전체주의로 타락을 모면하지 못한다.

정도의 차이만 있을 뿐 기실 모든 이상주의자는 몽상가다. 실현 가능성이 없더라도, 혹은 실현 가능성이 없기 때문에 꿈꾸는 것은 더욱더 이상주의자의 운명이 된다. 현실이 아니라 철학에서라면 꿈꾸기가 더욱더 용인되어야만 한다. 플라톤이 현실정치가가 아닌 철학자였다는 사실을 참작한다면, 그렇다면 그를 전체주의자라고 몰아붙일 수는 없다. 플라톤에게 이상주의는 고질병이다.

이상주의에 깃든 우생학의 불길한 그림자

플라톤이 생존한 시기에 여자는 전적으로 대상화한 존재 혹은 온전한 타자였다. 널리 알려져 있듯이, 아테나이에서 여자는 정치에 참여할 수 없었다. 여자는 소크라테스의 아내 크산티페처럼 악처가 되거나, 아니면 훌륭한 통치자를 낳는 생식기계가 되는 정도의 주변적 역할만 수행했다. 정치적으로나 사회적으로나 여성과 노예 사이의 차이는 미미했다.

플라톤은 혈통을 이야기하면서 재미있게도 개를 거론했다. 혈통에 있어서 개와 사람이 다르지 않다는 관점인데, 현대 유전공학이 알려주는 지식으로도 (물론 관점 차이가 존재하지만) 개와 사람은 대동소이한 생명체다. 플라톤의 통찰에 암묵지가 개입하였을까.

철인통치와 관련하여 혈통 문제는 이제 양가성을 드러낸다. 개인의 혈통을 부정한 플라톤이 집단의 혈통에 대해서는 정반대의 태도를 보였기 때문이다. 개 종자를 개량해 우수한 견종을 만들어내는 동물학자의 태도와 흡사하다. 혈통과 관련하여 인간과 개 사이의 차이를 인정하지 않은 플라톤의 태도에서 그를 '열린' 자유주의자라고 불러도 좋 겠지만, 인간 개량의 의지를 표명하는 대목에 이르러서는 우생학이 연상되면서 다시 예의 전체주의의 그림자를 떠 올리게 된다.

최선의 남자들은 최선의 여자들과 가능한 한 자주 성적 관계를 가져야 하지만, 제일 변변찮은 남자들은 제일 변 변찮은 여자들과 그 반대로 관계를 가져야 하고, 앞의 경 우의 자식들은 양육되어야 할 것이로되, 뒤의 경우는 그 럴 필요가 없다네. … 젊은이들 중에서도 전쟁이나 다른 데서 빼어난 사람들에겐 아마도 포상과 그 밖의 상이 주 어져야만 하며, 여자들과의 한결 잦은 동침의 자유가 허 용되어야만 하겠는데, 이는 이걸 핑계로 동시에 최대수 의 아이들을 이런 사람들한테서 얻게 되도록 하기 위하 여서일세. … 빼어난 자들의 자식을 받아서는, 이 나라의 특정 지역에 떨어져 거주하는 양육자들 곁으로, 보호 구 역 안으로 데리고 갈 것으로 나는 생각하네. 반면에 열등 한 부모의 자식들은, 그리고 다른 부류의 사람들의 자식 으로서 불구 상태로 태어난 경우에는, 그렇게 하는 것이

적절하듯, 밝힐 수 없는 은밀한 곳에 숨겨둘 걸세.

- 플라톤의《국가》5권 중에서

공동체 차원의 질서와 사회 전체의 진보를 희구하는 플라톤의 입장은 진보주의자의 핵심 덕목에 닿아 있다. 공동체 운영원리로서 철인통치는, 사적 소유 없는 철인들이 사익을 철저하게 배제하고 온전히 공동체를 위해 봉사한다는 측면에서, 재삼 강조하거니와, 특정 혈연 집단의 이익 추구에 매몰된 귀족정치하고는 명백하게 달라진다.

그러나《국가》의 철인통치는 특정 혈연 집단의 '이익' 추구로부터는 자유를 획득하지만, 특정 혈연 집단 '자체'의 구속으로부터는 벗어나지 못한다는 한계를 보인다. '이익'에서 벗어났지만, 종국에 '피'에서는 벗어나지 못한 셈이다. 간단히 말해 철인은 개인으로서 귀족주의를 극복하지만, 집단으로서는 '의도와 달리' 귀족주의를 강화하는 모순된 상황에 부닥치게 된다.

처자 공유라는 아이디어가 공동체 전체에서 시행되지 않고 공동체 내에서 집단별로 구분하여 적용되어야 한다는 관점은 안타깝게도 히틀러 등에서 엿보이는 종의 우생학을 연상시킨다. 플라톤은 철인의 후계자를 육성하기 위해 최선의 남자들이 최선의 여자들과 가능한 한 잦은 성관계를 해야 한다고 말한다. 연결되는 자연스러운 논리로 '변변치 않은' 남자들은 '변변치 않은' 여자들과 관계를 가질 수밖에 없게 된다.

다음 단계로서, 최선의 남자들과 최선의 여자들 사이에서 태어난 '최선' 가능성이 큰 아이들은 공동체 차원에서 잘 양육되어야 한다. 당연히 개인이 각자 제 자식을 키우는 방식이 아니다. 공동체가 아이들을 부모와 격리해 공동으로 양육하는 방식이 적용된다. 최선이 아닌 남자들과 최선이 아닌 여자들 사이에서 태어난 아이의 생존 확률은 불가피하게 낮아진다. 최선의 남자들과 최선의 여자들 사이에서 태어났지만 '최선' 가능성이 떨어지는 아이에게도 비슷한 운명이 제시된다. 우생학과 다원주의가 함께 작동하는 무시무시한 체제를 상상할 수밖에 없다.

> 모자람 있는 인간이 그와 똑같이 모자람 있는 자손을 생식하는 것을 불가능하게 하자는 요구는 가장 명석한 이성의 요구이며, 그 요구가 계획적으로 수행된다면, 그것

이야말로 인류의 가장 인간적인 행위를 뜻한다.

인용문은 아돌프 히틀러의 《나의 투쟁》에서 가져온 것
이다. 종種과 민족의 요구를 최상위 가치로 수용한 나치는
인류 역사에서 최악의 전체주의 사례로 간주한다. 시기를
무시하고 말하면 플라톤의 철인통치 집단 구상에 히틀러
의 그림자가 어른거리는 게 사실이다. 거기에다 비록 순진
한 수준이긴 하지만 정치공작 사고까지 가미된다. 즉 동침
과 관련하여 교묘한 제비뽑기 또는 정교한 추첨이 있어야
한다고 말하는데, 추첨을 조작하면 저 변변치 않은 사람들
이 운을 탓할 뿐, 통치자들을 탓하지 않는다는 얘기다. 추
첨을 조작해서 최선의 남자들이 최선의 여자들과 많이 잘
수 있는 구조를 만들어내고, 다른 이들은 '아, 난 왜 이렇게
재수가 없지'라고 생각하게 만들어야 한다는 구상이다.

그렇다고 플라톤과 히틀러를 같은 부류로 묶는다면
언어도단이다. 히틀러가 순도 100%의 전체주의를 지향했
다면 플라톤은 단지 이상적인 공동체를 구상했다. 플라톤
의 구상에 어쩔 수 없이 히틀러적인 요소가 섞여 들어갔을
뿐이다. 비록 그것이 같은 성분이라고 하여도 히틀러에겐

100%로 나타나고, 플라톤에겐 10% 미만으로 나타나, 플라톤의 사상은 히틀러와는 판이하게 다양한 성상을 풍성하게 발휘할 수 있는 합금으로 변형된다고 보아야 한다. 한마디로 두 사람의 사상은 전혀 다르다.

히틀러의 거대한 근대국가 독일과 인구 21만여 명의 소규모 정치공동체인 플라톤의 아테나이는 규모 외에도 많은 측면에서 현저한 차이를 보이기에 두 사람의 사상 또한 각자의 시대 상황을 감안하여 해석되어야 한다. 플라톤이 살던 시대는 전쟁이 일상이었다. 노예제 또한 보편적이며, 장애인 인권 같은 개념은 상상할 수조차 없었다. 인간 등급이 확연하고 폴리스 간에 물리적인 충돌과 다툼이 만연한 시대 상황에서 검토된 결과론으로서의 유사 우생학과, 자유·평등 같은 천부인권이 널리 받아들여져 계몽주의를 거치며 공식적으론 인간 등급이 철폐된 세상에서 공공연하게 주장된 시대착오적인 본격 우생학 사이에는 엄연한 차이가 있다. 단언컨대 플라톤이 시대를 바꿔 히틀러의 위치에 있었다고 하여도 결코 나치가 되지 않았을 것이고, 아우슈비츠의 학살을 자행하지도 않았을 것이다.

이데아

　이데아는 플라톤 철학의 핵심이다. 사회와 정치를 다루는 철인통치 이념에 비해 더 본질적인 철학의 문제를 다룬다. 이데아라는 개념을 통해 무엇보다 플라톤의 세계인식 방법을 이해할 수 있다. 그중에서도 이데아를 설명하려고 만든 '동굴의 비유'는 플라톤 철학의 정수라고 할 수 있다.

　동굴의 비유를 잘 이해하려면 비유 안의 배치를 잘 파악할 필요가 있다. 일단, 이 비유에서 인간은 빛이 들어오는 동굴의 입구를 등지고 입구 반대편에 놓인 벽을 바라보는 존재로 설정된다. 인간에 관한 설정에서 또 하나 중요한 사실은 인간이 뒤돌아볼 수 없게 강제돼 있다는 것이다. 동굴 안 인간의 상황이 이렇고, 동굴 밖과 (자기 앞만 바라보게 돼 있는) 인간 뒤편의 상황을 총괄해서 살펴보면, 제일 먼저 불이 환하게 빛나고 있고 그 앞에 실체(이데아)가 놓이며 실체와 인간 사이에 높지 않은 휘장 혹은 담장 같은 게 존재한다. 빛-실체-막은 일직선 위에 위치한다. 빛을 받은 실체의 그림자가 동굴 벽에 투사되고 인간은 투사된 그 像을 본다는 게 동굴 비유의 전체적인 그림이다. 기본 모형은 그렇지만, 여기서 숨겨진 모형은 '실체'를 휘장 아래 존재가 선별해서 휘장 위로 보여주게 된다는 설정으로 생각보다 많은 이야깃거리를 함축한다.

플라톤의《국가》본문을 통해 다시 확인해 보자.

이를테면, 지하의 동굴 모양을 한 거처에서, 즉 불빛 쪽으로 향해서 길게 난 입구를 전체 동굴의 너비만큼이나 넓게 가진 그런 동굴에서 어릴 적부터 사지와 목을 결박당한 상태로 있는 사람들을 상상해 보게. 그래서 이들은 이곳에 머물러 있으면서 앞만 보게 되어있고, 포박 때문에 머리를 돌릴 수도 없다네. 이들의 뒤쪽에서는 위쪽으로 멀리에서 불빛이 타오르고 있네. 또한 이 불과 죄수들 사이에는 위쪽으로 [가로로] 길이 하나 나 있는데, 이 길을 따라 담(흉장)이 세워져 있는 걸 상상해 보게. 흡사 인형극을 공연하는 사람들의 경우에 사람들 앞에 야트막한 휘장(칸막이)이 쳐져 있어서, 이 휘장 위로 인형들을 보여주듯 말일세. … 이 담(흉장)을 따라 이 사람들이 온갖 인공의 물품들을, 그리고 돌이나 나무 또는 그 밖의 온갖 것을 재료로 하여 만들어진 인물상像들 및 동물

상들을 이 담 위로 쳐들고 지나가는 걸 말일세. 또한 이 것들을 쳐들고 지나가는 사람들 중에서 어떤 이들은 소리를 내나, 어떤 이들은 잠자코 있을 수도 있네. … 이상한 비유와 이상한 죄수들을 말씀하시는군요. … 우리와 같은 사람들일세. 글쎄, 우선 이런 사람들이 불로 인해서 자기들의 맞은편 동굴 벽면에 투영되는 그림자들 이외에 자기들 자신이나 서로의 어떤 것인들 본 일이 있을 것으로 생각하는가. … 실상 이들이 일생을 통해서 머리조차 움직이지 못하도록 강제당했다면, 어떻게 볼 수 있었겠습니까?

- 플라톤의 《국가》 7권 중에서

동굴의 비유에서 사람으로 하여금 앞만 보도록 한 설정은, 특정한 방향으로 편향되기 마련인 인간의 사고를 잘 설명한다고 볼 수 있어 매우 적절하다. 일상에서 누구에게나 목격되는 확증편향 같은 현상이 소소한 예에 해당한다. 플라톤의 인간은 자신의 앞 동굴 벽에 펼쳐진 그림자를 보며 실체를 추정한다. 상상해 보면, 인지가 작동하기 시작한 최초의 시점부터 사지와 몸을 결박당한 사람들이 있어

서 이들이 동굴 안에서 그 상태로 살면서 앞만 보도록 한 것은 인간의 사고체계, 고정관념, 이데올로기 등의 탄생과 작동방식을 함축적으로 설명한다. 앞만 볼 수 있고 머리를 뒤로 돌릴 수 없다는 비유의 원초적 한정은 인간에게 주어진 인식의 틀이자 한계다.

인간이 '그림자'만 보는 존재라는 설정과 함께 이 비유에서 빼놓을 수 없는 또 다른 중요한 장치는 실체와 그림자 사이에 존재하는 휘장 혹은 담장 같은 것이다. 그리하여 이것 때문에 인간이 보는 그림자라는 게, 실체든 이데아든 그 무엇의 그림자든 그마저도 직접 투영된 그림자가 아닌 게 된다. 휘장 아래에서 들어 올려진 것의 그림자가 투영되기에 만일 들어 올리는 (초월적) 존재가 '원'을 좋아한다면 비치는 그림자도 원이 된다. 원형 물통을 쥐고 있다고 하여도 길게 들어 보이지 않고 단면을 들어 보이면 마찬가지로 원 모양의 그림자가 동굴 벽에 생긴다(길게 들어 보일 때는 직사각형 그림자가 생긴다).

인간의 인식체계 전반을 이해하기 쉽게 구조화한 이 비유는 개인뿐 아니라 집단·시대 차원에서도 적용 가능하다. 휘장 아래 존재는 개인·집단·사회·시대 차원에서 본원적 인식한계로 작동한다. '인식한계의 설정자' 혹은 미셸 푸코의 용어로는 '에피스테메'다. 이때 휘장 아래 존재가 다르게 배정된(배정이란 표현을 쓸 수 있다면) 동굴 속 개인·집 단·시대 사이에는 결코 좁혀질 수 없는 인식의 간극이 나타난다. 예컨대 동굴의 벽에 비친 그림자를 보고 원이냐 직사각형이냐를 두고 벌이는 토론은 그림자라는 말 그대로의 현상에 근거해 모종의 결론에 도달할 수도 있지만, 실제로 그것이 무엇이었는지에 관해서는 파악할 수 없다.

따라서 동굴의 비유는 기본적으로 무엇이 진리인가를 판정하는 인식론 모델이지만 '무엇이 진리인가를 판정하는' 인간 존재는 무엇인가에 관한 존재론 모델이기도 하다. 즉 평범해 보이는 동굴의 비유에는 인간의 삶, 인간의 존재가 외양상 주체적으로 작동하는 것처럼 보일지라도 실제로는 구성된 것일 뿐이라는 심오한 깨달음이 깔려 있다.

수천 년 동안 수많은 철학자와 문인의 상상력을 자극하였고 많은 이야깃거리를 제공한 동굴의 비유에서 가장 놓치기 쉬운 본질적인 논점은, 개인적인 판단으로는 '불'이라고 생각한다. 이 모델에는 타오르는 불(혹은 빛)이 있어야 한다. 불이 있어야 인식 자체가 성립한다. 안타깝게도 인간이 볼 수 있는 것은 그림자밖에 없는데, 그 그림자마저도 실체가 있어야 하고, 실체를 들어 올리는 모종의 조력자 없이는 존재할 수 없다. 결정적으로 실체의 바깥에서 동굴 안으로 비추는 불이 없다면 동굴 안에서 벽을 바라보고 살아가는 인간은 아무것도 볼 수 없다.

실체와 불 중에서도 불이 우선한다. 실체가 없고 불만 있다면, 허무하긴 하겠지만 그래도 우리는 '없음'을 볼 수 있다. 그러나 실체가 있고 불이 없다면 '있음'이 있다 하여도 우리는 '있음'을 볼 수 없게 된다. 세계의 종말, 인식의 종말인 셈이다. 근대를 연 계몽주의啓蒙主義가 'Enlightenment'(영어), 'Lumières'(프랑스어) 등 불을 포함한 것이 우연이 아니다. 계몽啓蒙이란 말 또한 어리석음을 깨우친다는 뜻과 함께 어둠을 밝힌다는 뜻을 포함해 간접적으로 불을 지시한다.

이상주의자의 낙관과
성난 얼굴로 뒤돌아보기(Look Back in Anger)

동굴의 모델에서 불의 존재는 플라톤의 낙관주의를 방증한다. 동굴의 비유에서는 불이 타오를뿐더러 실체, 즉 이데아까지 존재하여 인간은 동굴 안에서 동굴 밖을 탐색할 수 있다. 불이 타오르는 세상이 플라톤이 생각하는 세상이다. 반대로 얼마든지 불이 타오르지 않는 세상을 상정할 수도 있었다.

동굴의 비유로 제시된 인식 모델은 '그나마' 이상주의 모델이다. 동시에 이데아와 현실이 구분될 수밖에 없는 이원론 모델이란 점이 분명해진다. 여기서 우리는 어쨌든 희망이란 걸 발견할 수 있다. 희망이란 건 실현 가능하기 때문에 품는 것이 아니라, 품을 수 있기 때문에, 또는 더 명확하게 말해, 품어야 하기 때문에 품는다. 이데아를 중심으로 이야기하면, 이데아를 볼 수 있기 때문이 아니라 이데아가 존재하기에 이데아를 볼 수 있다는 희망을 품는다.

동굴 안의 인간이 결박을 풀고 성난 얼굴로 뒤돌아볼 수는 없을까. 찾아보면 그런 드문 예가 있지 않을까. 만일 그런 사람이 존재한다면 불교에서는 결박을 풀고 뒤돌아서서 이데아를 직접 본 그 사람은 부처일 것이다. 또는 성경에 종종 등장하는 선지자일 수도 있다.

이데아와 관련한 희망과 뒤돌아서서 보겠다는 근원을 향한 열망은, 이데아에 직접 도달하지 못한다고 하여도 (거의 직접 도달하지 못하지만) 자신의 존재와 인식을 향상하는 데 긍정적인 기능을 수행할 수 있다. 자신이 특정 방향만을 보도록 구속되어 있으며, 지금 내 앞에 펼쳐진 상像이 내 힘이 미치지 못하는 특정한 곳에서 선별해 들어 올린 것의 그림자임을 깨닫게 해주기 때문이다. 비록 직접 이데아를 보지 못하더라도 자신의 시선과 자신 뒤편의 상황을 감안해 자신의 인식을 조정해서 보다 이데아에 가까운, 더 나은 인식으로 나아갈 수 있다.

철인통치에 대해서는 플라톤도 실현 가능성을 매우 낮게 보았으리라는 게 나의 개인적인 생각이다. 이데아에 관한 고찰은 비록 실현 가능성을 따질 수는 없지만, 분명 찬반이 대립할 수밖에 없는 모델이란 측면에서, 나는 이 고찰에서 드러난 플라톤의 간절함에 주목하게 된다.

칸트식으로 말해 인간이 발밑의 진창길을 걷지만, 끊

임없이 하늘의 별을 보는 존재라고 할 때 이 설명은 이데 아를 염원하는 인간의 모습과 닮았다. 몸을 갱신하기 힘든 상황에서도 별을 보는 존재. 인간은 왜 별을 볼까. 별을 본 다고 발밑의 남루함이 사라지는 것이 아닌데 왜 사람은 하 늘을 우러러 별을 볼까.

불이 있고 그 불이 이데아를 비추고 있음을 믿는 한 이 데아에 대해 상상하고 파악하기를 멈출 수 없는, 그 원천에 대한 열망. 그 열망이 우리가 인간임을 입증하는 근거이기 때문이 아닐까. 인간은 분열된 존재로 역사를 일구었는데, 통일된 존재로서 분열되지 않은 (언제인지 모르지만) 태고의 경험이 있었다고 많은 철학자와 작가가 상상하듯, 우리는 현존하는 존재·인식의 분열을 넘어서서 어느 순간 이데아 와 접속하는 꿈을 꾼다. 진보주의자의 꿈이다.

그 꿈은 인간 개인이 혼자 꾸는 꿈이 아니라 여럿이 함 께 꿀 수 있는, 또는 함께 꾸어야만 하는 꿈이다. 이것이 세 상에서 진보주의자를 진보주의자로 구별시켜주는 가장 뚜 렷한 표식이다. 나 혼자 외롭게 걷는 발걸음이 아니라 더 불어 가는 발걸음. 함께라면, 예컨대 어깨 걸고 함께 걷는 다면 하늘의 별을 보면서도 쓰러지지 않고 진창길을 걸어

갈 수 있지 않을까. 이데아에 조금씩 다가설 수 있으리란, 조금 평이한 말로, 지금보다 나아질 것이라는 믿음, 함께라면 해낼 수 있으리란 믿음. 이 두 가지야말로 진보주의자의 대표적인 덕목이다.

플라톤의 이데아론은 인간 본령에 관한 가장 오래된 진지한 탐색이었다. 분열과 낙담 속에서도 더 나은 세상을 꿈꾸는 사람이라면 누구나 최소한 이 믿음에 관해선 플라톤에게 빚지고 있는 셈이다. 더 나은 국가를 생각한다면 마찬가지로 흔쾌히 플라톤을 기억해야 한다.

9장

현실정치에서 조금이라도 더 나은 세상, 행복한 세상을 꿈꾸다
아리스토텔레스 《정치학》

아리스토텔레스(Aristoteles, BC 384~BC 322)의 《정치학》
에 나오는 '폴리스적 동물(zōion politikon)'이란 용어는 개인
적으로 판단할 때 이 책에서 가장 중요한 개념이다. 회자
하는 "인간은 정치적 동물이다"라는 표현의 출처이기도 하
다. 원래 말은 "인간은 폴리스적 동물이다"이다. 원어(그리
스어)를 한글로 옮긴 천병희 역자는 이것을 "본성적으로 국
가 공동체를 구성하는 동물"이라고 해석했다. 일단 공동체
안에서 살아가야 하는 동물 정도의 의미로 받아들이면 되
는데, 그렇다고 그 의미를 단순히 다른 생명 종에게서 종종

나타나는 군집 같은 것으로 받아들여서는 곤란하다. 모여 사는 것으로 치면 저 들꽃도 그러하다.

'폴리스적 동물'의 이해

'폴리스적 동물'이, 인간이란 (필연적으로) 폴리스 안에서 살아가야 하는 존재라는 뜻을 담고 있기에, 후대에서 이 말의 등가로 동원된 '정치적 동물'이나 '사회적 동물'하고 언뜻 비슷해 보인다고 하여도, 독자적인 맥락에서 생성된 고유의 의미를 살펴보지 않고서는 '폴리스적 동물'의 개념을 제대로 이해할 수 없다. 즉 아리스토텔레스의 용어를 편의적으로 정치적 동물, 혹은 사회적 동물이라고 변용해 쓰는 것까지 막을 수는 없겠지만 그 전에 원래 이 말이 무엇보다 폴리스와 밀접하게 관련되었음을 기억할 필요가 있다. 그러려면 당연히 고대 그리스 폴리스의 이해가 선행되어야 하겠다.

아리스토텔레스 시대에 (그리스의 고대 도시국가인 폴리스

의) 인간이 폴리스 안에서 살아가야 하는 존재였다는 말의
의미는 무엇일까. 앞서 언급한 대로 "국가 공동체를 구성
하는 동물"쯤으로 소박하게 이해해도 좋을까. 그런데 현재
우리가 통칭해서 도시국가로 이해하는 당시 폴리스는 근
대국가로 불리는 지금의 국가와는 너무나 다르다. 지금 우
리가 근대국가 시스템 아래에서 서구민주주의와 자본주의
체제를 받아들여 살아가는 반면, 과거 폴리스의 그리스인
들은 지금과는 판이한 체제와 제도하에서 고대 그리스 문
명을 발전시켰다. 따라서 만일 "인간은 폴리스적 동물"로
서 "국가 공동체를 구성하는 존재"라는 주장을 수용한다고
하면 당장 '폴리스적 존재'라는 큰 얼개엔 별다른 이견이
나타나지 않겠지만, 인류가 역사에서 직면한 개별 폴리스
(지금 우리에게 더 익숙한 용어로는 국가)가 매우 다양한 형태였
다는 사실을 감안하지 않으면 안 된다.

　　수천 년 동안 인간은 '폴리스적 동물'로 살았지만, 시대
별로 '폴리스적 동물'의 구체적 의미가 달랐다. 아리스토텔
레스 시대의 사람이 살아간 방식은 '폴리스적 동물'이라는
대전제 하에, 폴리스 안에서 살거나 폴리스 밖에 살거나 하
는 두 가지밖에 없었다고 봐야 한다. 두 가지 가운데 기본

값은 당연히 폴리스 안에서 살아가는 것이겠다. 고대 그리스 도시국가에는 도편추방제(Ostrakismos)라는 것이 존재했다. 널리 알려진 대로, 국가에 해를 끼칠 가능성이 있는 위험한 인물의 이름을 아고라에서 도편(陶片:오스트라콘)에 적어내어 정해진 기간 동안 폴리스 밖으로 쫓아내는 제도였다. 도편추방제는 '폴리스적 존재'를 '비非폴리스적 존재'로 변경하는 정치적 절차로 해석될 수 있다. 이 '비非폴리스적 존재'는 얼핏 근대국가에서 목격된 '비非국민'과 유사해 보인다. 그러나 '비非국민'과 비교하여 (인간 개체가 처한 물리적) 상태의 '비참' 정도와 무관하게 '비非폴리스적 존재'는 고대 그리스인에게 본질적인 예외상태로 간주하여야 한다.

동시에 '비非폴리스적 존재' 자체가 '폴리스적 존재'의 다른 표현이다. 국민국가의 자의적 공권력에 의한 추방과 달리 도편추방이 폴리스 구성원의 민주적 의사결집에 따른 결정이란 사실을 떠올릴 때 '비非폴리스적 존재'는 본질적으로 '폴리스적 존재'를 위해 성립한다. 반면 근대국가 혹은 현대국가에서는 꼭 그렇다고 할 수 없다. 국민을 비국민으로 만든다고 할 때 그 행위가 반드시 국민을 위한 것이라고 말할 수 없다는 얘기다.

'비非폴리스적 존재'는 전적으로 '폴리스적 존재'에 의해 규정된다. 나아가 폴리스의 시민은 '폴리스적 존재'로 생활하지만, 잠재적인 '비非폴리스적 존재'이기도 하다. 폴리스의 성립과 지속은 도편추방을 통해 언제든지 '비非폴리스적 존재'가 될 수 있는 '폴리스적 존재'에 의존한다. 아리스토텔레스 용어를 차용하면 '폴리스적 존재'와 '비非폴리스적 존재'는 폴리스 시민의 현실태와 가능태라고 할 수 있다. 같은 존재의 다른 측면이란 뜻이다.

반대로 '비非국민'이 '국민'의 다른 표현이란 주장은 가능하지 않다. 국민국가를 구성하는 국민이 폴리스의 시민과는 달랐기 때문이다. 국가의 공개적 표명과 달리, 국민이 국민국가를 구성한다기보다는 국민국가에 의해 국민이 동원된다. 간단하게 말해 국민은 대체로 국가와 별개의 존재로 혹은 독립적으로 검토될 수 있고 검토되어야 하지만, 시민은 원천적으로 폴리스와 별개가 될 수 없었다. 고대 그리스인은 참으로 '폴리스적 존재'였다. 아리스토텔레스의 다음 언급은 폴리스가 인간 존재론을 구성하는 기반임을 확증한다.

국가는 자연의 산물이며, 인간은 폴리스적 동물임이 분명하다. … 공동체 안에서 살 수 없거나, 자급자족하여 그럴 필요를 느끼지 못하는 자는 국가의 부분이 아니며, 들짐승이거나 신神일 것이다.

들짐승과 신이 아니라면 인간은 폴리스 안에서 폴리스적 존재로 살아야 한다는 아리스토텔레스의 주장은, 역으로 폴리스 안에서 폴리스적 존재로 살아가는 이만이 인간이란 주장을 성립시킨다. 들짐승에는 실제 야생동물 외에 늑대인간 같은 문명화하지 못한 인간, '바르바로이'로 불리는 그리스의 폴리스 밖 문명에 속한 인간들이 포함될 것이다.

'폴리스적 동물'로서 고대 그리스인들은 폴리스에서 여러 가지 정체政體를 시험했다. 고대 그리스의 폴리스에서 명멸한 다양한 정치 시스템은 현대 정치의 원천이다. 특히 고대 그리스가 민주주의의 시원이었다는 사실은 매우 중요하다. 그러나 민주주의에 관한 고대 폴리스의 그러한 결정적 기여와는 별개로, 당시 폴리스에 지금 우리의 관점에서 납득하기 힘든 불편한 사회현실이 존재했다는 점 또한 기억해야 한다. 그것 또한 '폴리스적 동물'을 구성하기 때문이다.

대표적으로 노예제를 들 수 있다. 그리스의 민주주의가 노예제를 바탕으로 꽃 피웠다는 역설은 종종 거론되기에 이 자리에서 더 자세히 살펴보지는 않고 간단히 언급하는 것으로 끝내자. 고대 그리스의 불편한 현실 중에 여성에 대한 부당한 시선과 다양한 차별 또한 빼놓을 수 없다. 연장자에 대한 연소자의 복종이 기본 규범으로 받아들여졌다는 사실도 마찬가지로 불편할 수 있다. 《정치학》에서 표명된 아리스토텔레스의 차별적 혹은 혐오적 생각은 '폴리스적 동물'인 당대 그리스인의 보편적 인식의 반영일 뿐이다.

> 수컷이 본성적으로 더 우월하고, 암컷은 열등하다. 그래서 수컷이 지배하고 암컷은 지배받는다. 그리고 이런 원칙은 인간관계 전반에 적용되어야 한다. … 노예와 길들인 동물의 용도는 크게 다르지 않다. 이들은 둘 다 생필품을 조달하도록 주인에게 몸으로 봉사하기 때문이다.[15]
> 남성이 여성보다 지배하는 데 더 적합하며, 연장자와 성

---

15) 곽차섭 외, 《서양의 고전을 읽는다 2》, 휴머니스트, 2006, 29쪽.

인이 연소자와 미성년을 지배하는 데 더 적합하기 때문
이다.

　최근까지도 가부장제 사회에서 여성을 열등한 존재로 간주하였기에, 고대 그리스에서 여성 차별적이고 여성 혐오적인 인식이 나타났다고 하여 특별히 더 차별적이고 더 혐오적이라고 말할 순 없다. 노예제나 장유유서에 대해서도 마찬가지다. 그렇다고 하여도, 이른바 정상을 참작할 수 있다는 것이지, 당연히 고대 그리스의 그러한 인식을 바람직하다고 옹호할 수는 없다.

　지금의 우리 관점에서 받아들이기 힘든 사회현실이 고대 그리스에 존재했다고 해서 '폴리스적 동물'이란 정의가 권위적이고 억압적인 시스템을 당연시한 인간상을 전제했다고 예단할 필요는 없다. 당시 폴리스에는 물론 그런 시스템이 작동하긴 했지만, 적어도 시민과 폴리스 간에는 '폴리스적 동물'이란 말이 가능할 정도의 통합이 있어서 후대의 국민이 명목상으로만 국민국가를 구성한 것과는 달리 시민이 실제로 폴리스를 구성하고 운영했다. 폴리스의 시민은 자신을 민주주의를 구성하는 정치적 주체로서 자각하고 그렇게 행동했다. 고대 그리스에서 '폴리스적 동물'인 인간은 (모든 인간이 아니라 '폴리스적 인간'에 국한하여) 배제와 소외가 없는 정치적 주체의 원형이자 전설이 된다.

그러므로 '폴리스적 동물'이란 용어는 특정한 시대의 이념을 체화한 구체적인 인간 유형을 겨냥한다기보다, 이 제 보편적인 인간의 특성을 탐구하는 데 필요한 개념적 도구로 이해되어야 한다. 정치적 주체인 시민에 여성과 노예가 빠졌기에 '폴리스적 동물'의 의의를 폐기할 것이 아니라, 여성과 노예 등 모든 인류를 포괄한 보편적 인간을 '폴리스적 동물'로 상정하고 인간의 정치적 주체화를 모색하는 게 올바르다. '폴리스적 동물'이란 표현에는 그리하여 화자에 따라 심오한 의미가 부여될 수 있다. 폴리스가 사라진, 혹은 폴리스가 근대국가로 대체된 현재를 사는 근대적 인간은 태생적으로 근대성의 벗어날 수 없는 속박 아래 살아가면서도 '폴리스적 동물'의 전설에서 모종의 희망을 찾아내곤 한다. 한마디로 정치적 주체로서 명실상부하게 공동체의 당당한 구성원이 되는 희망이다. 흔히 민주시민이라고 하는.

이상주의 대 현실주의

서양 사상의 두 원류가 헬레니즘(그리스·로마)과 헤브라이즘(유대)이라 할 때 플라톤과 아리스토텔레스는 헬레니즘의 두 기둥이다. 고대 그리스에서 철학이 융성한 시기 이후에는 특별히 기독교 형성기 및 중세의 교부철학에서 두 사상가의 영향이 두드러지는데, 플라톤과 아리스토텔레스가 기독교에서도 두 개의 기둥이라고 해도 과장이 아니다. 널리 알려진 대로 두 그리스 사상가는 아우렐리우스 아우구스티누스(354~430)와 토마스 아퀴나스(1224~1274)에게 각각 지대한 영향을 미쳤다. 물론 그리스철학과 교부철학에서 두 사람의 위상은 다르다. 비유적으로 말해 두 사상가가 고대 그리스철학에서 독자적으로 우뚝 선 두 개의 기둥이라면, 교부철학에서는 예수(또는 신)라는 무겁기 그지없는 지붕을 우아하게 떠받치는 기둥이다.

보통 뭉뚱그려서 플라톤은 이상주의자, 아리스토텔레스는 현실주의자로 그려진다. 이러한 분류법은 기독교 사상사에 미친 영향을 논외로 한다면 대체로 유효하다. 기독교 교부철학에 미친 두 사람의 영향에서는 이상주의/현실주의 구도보다는 이원론/일원론의 구도가 더 본질적이었다. '이상주의/현실주의' 대 '이원론/일원론'은 대칭적이기도 하지만 때로 심각한 비대칭을 만들어낸다. 예컨대 아우구스티누스 등 플라톤주의 혹은 신新플라톤주의 교회사상가들의 이원론은 현실주의로 귀결하여 세속주의 교회론의 이론적 지주가 되었다. 일각에서는 아우구스티누스 등의 세속주의 교회론이 그리하여 예수의 이상주의를 배반했다고 보기도 한다.

신학에서 플라톤과 아리스토텔레스가 복합적인 양상을 드러낸 반면, 정치사상사에서는 두 사람이 각각 이상주의와 현실주의를 대표했다고 보아도 무방하겠다. 《국가》에서 단적으로 드러나듯 플라톤은 이상주의 국가를 꿈꾼다. 프랑스혁명이 표방한 공화주의의 이상 또한, 당시 봉기한 민중 가운데 플라톤을 아는 사람이 없었다 하여도, 플라톤에 사상적인 빚이 없었다고 말하기는 힘들다.

당연히 아리스토텔레스는 다르게 생각한다. 플라톤과 연관 지어 프랑스혁명을 언급한 김에 단순화의 위험을 무릅쓰고 편의적으로 설명을 마치자면, 아리스토텔레스는 영·미적인 자유주의 사상에 영감을 제공했다고 볼 수도 있다. 아리스토텔레스는 국가, 즉 폴리스를 통일체로 파악한 플라톤과 달리 복합체로 보면서 플라톤의 철인정치, 처자 공유, 재산 공유 등을 비판한다. 공유共有의 현실적인 대안 은 사유私有밖에 없다.

영·미 중심의 자유주의는 자본주의 발흥과 연계되면 서 불가피하게 (개인의) 재산권 보호를 자유의 핵심 개념으 로 채택하고 발전시켰다. 왕권으로부터 부르주아의 재산 을 보호하기 위한 사회적 움직임을 철학적으로 정의하고 이론으로 뒷받침하였다는 게, 영·미 자유주의를 가장 단순 하게 설명하는 방식 중의 하나다. 처자 공유제. 재산 공유 제에 대한 아리스토텔레스의 비판은 결국 '내 것'의 존중으 로 지탱될 수밖에 없다고 할 때 아리스토텔레스와 영·미 자유주의는 최소한의 공통분모를 확보한다.

사적 소유는 자본주의의 핵심 근거다. 물론 사적 소유 만으로 자본주의가 발생하지 않지만, 사적 소유 없는 자본 주의는 불가능하다. 아리스토텔레스 시대에는 자본주의를 발생시킬 사회적 조건이 갖추어지지 않았기에 아리스토텔 레스의 사상이 자본주의로 연결될 수 없었지만, 그의 철학 의 본원적 입장은 자본주의적 맥락을 갖는다고 주장해 볼 수 있다. 그렇다면 플라톤 철학의 본원적 입장은 사회주의적 맥락에 위치한다고 볼 수도 있겠다. 분명히 할 것은 '맥락'이다. 플라톤이나 아리스토텔레스는 당연히 사회주의나 자본주의를 모른다.

편의의 계보학이지만, 흥미롭게도 아리스토텔레스에게선 자본주의의 맹아적 발상이 생각보다 많이 목격된다. 《정치학》9장에서는 카를 마르크스의 사용가치와 교환가치를 연상시키는 논리 전개가 보인다. 예를 들어 샌들을 얘기하면서 신는 데도 사용되고 교환하는 데도 사용된다고 말한다. 물론 자본주의 생산양식에 입각한 마르크스의 사용가치/교환가치 분석과는, 아리스토텔레스가 처한 생산양식 자체가 다르기에 원초적인 관점의 다름을 고려해야 한다. 그러나 그 이후에 시장의 형성, 화폐의 발생, 미다스로 운위되는 화폐의 물신적인 성격 등 상당히 재미있는 논의가 이어진다. 특히 자본의 탐욕과 자본의 자기증식 욕구를 아리스토텔레스식으로 표현한 대목이 눈에 띈다.

> 그들의 향락은 과잉에 있으므로 그들은 향락의 과잉을 가능하게 해주는 기술을 찾게 된다.

그렇다고 아리스토텔레스가 자본주의를 옹호하는 성향을 보였다고 말한다면, 그것은 너무 많이 나간 이야기라고 해야겠다. 이 인용문에서 저절로 드러나듯 아리스토텔레스는 '과잉'에 비판적인 시선을 보낸다. 그가 자본주의의 물신성을 몰랐지만, 만일 알았다면 통렬하게 공박했으리라고 예상할 수 있다. 아리스토텔레스가 가장 중시하는 것은 중용이다.

대부貸付에 대해서도 부정적이다. 아리스토텔레스는 화폐는 교역에 쓰라고 만든 것이지 이자를 낳으라고 만든 것이 아니라고 얘기하면서 대부를 비판한다. 옛 가톨릭 및 이슬람과 같은 입장이다. 그러나 앞서 보았듯 화폐의 기능 자체에 대해서는 그 역할을 인정한다. 경제학에서는 화폐의 기능을 두고 다양한 논의가 펼쳐졌는데, '화폐는 베일 veil에 그쳐야 한다'라는 입장이 말하자면 아리스토텔레스의 의견에 맞닿아 있다. '화폐 베일관觀'이라고 불리는 이 견해는 교역과 같은 실물경제가 경제의 근본이고 화폐는 베일처럼 실물경제를 단지 감싸고 있을 뿐이라고 본다. 굳이 최초 저작권을 찾자면 '화폐 베일관'의 저작권은 아리스토텔레스에게 있는 셈이다.

아리스토텔레스의 현실주의는 플라톤의 '공유'에 대한 비판에서 분명하게 확인된다. 그러나 공유의 대안으로 제시된 사유가 탐욕을 의미하지 않음은 자명하다. 재삼 강조하거니와 아리스토텔레스의 현실주의가 중용에 근거한다는 점을 잊지 말아야 한다. 상상컨대 아리스토텔레스가 지금 시대에 활동했다면 격렬한 반체제 혁명가가 되지 않았을까. 지금의 자본주의 사회는 중용에서 벗어나도 너무 벗어난 극단적인 체제가 되어있기 때문이다.

스승 플라톤의 공상적 '공유' 체계를 비판한 것에서 아리스토텔레스의 현실주의를 확인할 수 있다면, 모두에 논의한 '폴리스적 동물' 또한 그의 현실주의의 소산이다. 철인이 통치하는 이상국가 대신 '폴리스적 동물'이 가능성과 한계를 갖고 함께 활로를 모색하는 현실국가에 그의 눈은 고정됐다.

민주주의

플라톤이 철인이 통치하는 이상국가를 모색하였다면, 아리스토텔레스는 민주정 혹은 민주주의에서 이상국가의 대체물을 찾았다. 그에게는 이상사회의 이념 자체보다는 현실에서 실현될 수 있는 구체적 대안이 중요했다고 볼 수 있다. 이데아를 좇느라 이데아와 분리된 공허한 현실에서 허우적거리기보다는, 질료와 형상이 통합된, 가능한 최선의 현실이 아리스토텔레스의 정치적 목표였다.

물론 지금의 민주주의와 아리스토텔레스가 《정치학》에서 말하는 민주정체 또는 민주주의 사이에는 차이가 있다. 하지만 "민民이 정치의 주인이다"라는 공식적 강령은 동일하다. 아리스토텔레스는 민주주의를 불가피한 체제로 받아들였다. 어느 정도 이상으로 폴리스가 커지면 민주정체 외에 다른 정치적 대안이 현실적으로 불가능하다고 말한다.

아리스토텔레스는 집단의 판단이 현명하다고 받아들이는 한편 최고 권력 또한 민중이 소유하는 것이 바람직하다고 선언한다. 물론 그러면서도 민주주의의 폐해를 우려하는데, 대표적인 게 중우정치나 선동정치다. 이러한 폐단을 없애면서 민주주의를 유지하려면 법이 지배하는 사회를 만들어야 한다는 게 아리스토텔레스의 주장이다.

법의 지배 아래에서 민주정체를 유지하고, 나아가 그 국가가 구성원들에게 단순한 생존이 아니라 훌륭한 삶을 제공할 수 있어야 한다고 아리스토텔레스는 생각했다. 국가가 국민에게 단순한 생존이 아니라 훌륭한 삶을 제공해야 한다는 아리스토텔레스의 생각은 지금으로도 상당히 높은 수준의 국가에 대한 기대. 현대국가 중에 국민에게 단순한 생존조차 제대로 제공하지 못하는 국가가 적지 않은 상황에 비추어볼 때 더 그러하다. 상당한 수준으로 경제가 성장한 지금 우리나라에서도 기본적인 생존을 보장받지 못하는 '경계 밖'의 사람이 상당수 존재한다. 지금보다 생산력이 많이 낮았던 고대 그리스에서 '생존을 넘어선 훌륭한 삶'이란 전망이 제시되었다는 사실이 놀랍고, 그 사람이 플라톤이 아니라 아리스토텔레스란 사실이 더 놀랍다.

현실주의자로 불리는 아리스토텔레스는 비슷한 견지에서 "잘 정돈된 국가에서는 시민들이 일상적인 노동에서 벗어나 여가를 가져야 한다"라고 말한다. 노예제도와의 연관성만 뺀다면, 이 발언은 장차 도래할 이상사회에 관한 마르크스의 발언을 연상시킨다. 계급사회를 넘어 도달한 이상사회에서 사람들은 최소한으로 노동하고 사냥하고, 돌아와서는 철학을 토론하게 될 것이라고 마르크스는 말했다. 두 발언만으로 판단하면 두 사람이 같은 진영에 속한 듯이 느껴진다. 철학사에 진영논리를 적용하면 일반적으로는 플라톤과 마르크스가 같은 진영의 대표적 인물로 거론되는 것과 배치되는 장면이다. 최상의 현실주의는 결국 이상주의와 맞닿게 마련이다.

아리스토텔레스가 말한 '훌륭한 삶'을 가능케 할 조건으로, 구태여 언급할 필요가 없을 정도로 노예제가 기본값으로 주어져 있다는 사실이 이 논의의 가장 큰 아쉬움이다. 사실 당시 그리스의 생산력 수준에서 노예의 노동 없이는 "일상적인 노동에서 벗어나 여가를 가지는 삶"이 불가능했다. 마르크스는 높은 생산력에 힘입어 적게 노동하고 여가를 즐기는 세상을 상상한 반면, 아리스토텔레스는 낮은 생산력을 노예노동으로 메우면서 마르크스가 상상한 것과 비슷한 세상을 상상했다. 물론 생산력이 매우 높아졌다고 하여도 계급이 철폐되지 않는다면 불균등한 분배가 없어지지 않기 때문에 다중의 유유자적한 삶은 실현되지 않는다. 그리하여 이상사회의 조건으로 마르크스는 계급의 철폐를, 아리스토텔레스는 계급의 존속을 전제하게 된다. 마르크스의 계급철폐가 작위, 즉 애써서 성취해야 하는 현실타파의 과제인 반면 아르스토텔레스의 계급존속은 부작위, 즉 현실에 저절로 주어져 있는 현상의 수용이란 차이라는 점은 짚고 넘어가는 게 좋겠다.

노예제란 아킬레스건에도 불구하고 아리스토텔레스는 민民의 지배와 법치주의를 정식화함으로써 정치사상사에 크나큰 족적을 남겼다. 민의 지배는 하나의 정언명법이다. 지배라는 구체적 행위 없이 말의 성찬으로 남용되는 경향이 뚜렷하긴 하지만, 민의 지배는 어쨌든 변경될 수 없는 민주주의의 기본원리로 자리를 잡았다. 그러기에 민의 지배를 배반하는 이들도 겉으로는 민의 지배를 표방할 수밖에 없다. 현대 민주주의 사회에서, 내용은 논외로 하고 외형상 민의 지배를 부인하는 곳은 하나도 없다.

법치 또한 근대 혹은 현대 민주주의의 근간으로 받아들여진다. 법치는 대체로 관철된다. 그러나 용어 자체에서 가치가 드러나는 민의 지배와 달리, 대체로 가치보다 기능을 천착하는 법치라는 용어의 특성 때문만은 아니겠지만, 법치는 민의 지배에 복무하기는커녕 민의 통제 수단으로 악용되곤 한다는 한계를 드러낸다. 작금의 법치는 민의 지배를 보장하는 수단이 아니라 민의 지배를 저해하고, 나아가 민을 지배하는 수단으로 변질했다는 다양한 비판에 직면해 있다.

현실주의자는 보수주의자일까

아리스토텔레스의 《정치학》에 나온 내용을 종합하면, 정치의 궁극적 목적은 정의正義다. 아리스토텔레스의 정의正義는 평등한 사람들에게 평등하게 분배하는 것으로 정의된다. 결국 정치는 간단하게 말해 밥그릇 나누기, 그것도 공평하게 나누기를 뜻하는데, 동양의 정치사상과 일맥상통한다. 대표적으로 공자는 '불환과이환불균不患寡而患不均, 즉 "적음을 근심하지 않고 고르지 못함을 근심하라"라고 말했는데 균등한 분배를 강조한 말로 통용된다. 정치에 대한 아리스토텔레스의 관점이 크게 보아 동양의 선현과 같다는 사실이 유익하다.

현대국가에서 정치는 경제와 분리되며 정치집단과 자본가집단이 암묵적 합의하에 이러한 정경분리를 구축하고 유지하며 확대하려고 한다. 현대 정치가들의 정치는 아리스토텔레스의 입장에서 보면 사기라고 할 수 있다.

아리스토텔레스는 정의를 구하려면 중용을 구해야 한다고 말한다. 이 문제는 아리스토텔레스의 윤리학에서도 논의되는데, 간단히 말해 정치적 차원에서 정의를 구하려면 중용을 구해야 하며, 여기서 법이 곧 중용으로 간주된다. 아리스토텔레스는 욕구에서 해방된 이성을 법이라고 말했다.

'욕구에서 해방된 이성', 즉 법을 잘 준수하는 것이 중용과 정의에 연결된다고 한다면 이때 앞서 논의한 법치는 아리스토텔레스에게는 가치중립적인 용어가 아닌 셈이다. 법의 지배를 이야기하면서 아리스토텔레스는, 사람들이 기존의 법을 지켜야 하고, 지키는 법이 온당해야 한다는 두 가지 전제를 내세웠다. 사실 기존의 법을 지켜야 한다는 말은 법의 지배란 말을 반복한 것이나 다름없기에 "지키는 법이 온당해야 한다"라는 명제를 더 주목해 볼 필요가 있다.

이 말은 "악법도 법이다"라는 금언과 대조를 이룬다. 물론 단순히 형식논리상의 대조를 넘어서는 심오한 논의가 존재할 수 있겠지만 경향의 차이는 뚜렷하다고 판단해도 좋겠다. 아리스토텔레스는 "악법은 법이 아니다"라고까지 생각을 밀고 나가지는 않았다.

소크라테스의 제자 플라톤과 대비되는 현실주의자 아리스토텔레스의 진면목이 여기서도 확인된다. 법치는 개인 윤리의 문제가 아니라 말하자면 공동체의 윤리에 해당한다고 볼 수 있는데, 아리스토텔레스는 개인과 공동체 모두에게 동일하게 중용이란 해법을 처방한 셈이다. 사실 혁명처럼 급진적 계기와 모멘텀이 주어진 아주 특별한 시기의 장場을 제외한다면 우리에게 아리스토텔레스적인 해법말고 다른 해법은 없지 않은가. 민주주의를 표방하면서도 아리스토텔레스가 말한 두 전제 가운데 후자에 대해서는 눈감는 게 현실이기 때문이다.

법을 만들고 행사하는 세력에게 온당한 법이란 그들의 이익을 보호할 수 있는 법에 불과하다. 법을 만들거나 행사하는 데 권한을 행사하지 못하고, 혹은 명목상의 권한만

주어진, 그저 법을 지키도록 강요받는 다수의 사람에게 법은 욕구를 억압하는 폭력일 따름이다.

그러하기에 이러한 현실 아래에서 통상 보수주의자 또는 현실주의자로 취급받는 아리스토텔레스가 더 많은 진보를 성취할 가능성을 확보할 수도 있다. 아리스토텔레스는 언제나 약자들이 평등과 정의를 추구하는 반면 강자들은 그 어느 것도 거들떠보지 않는다고 지적한다. 조금 깊은 신학적 논의 차원에서는 아리스토텔레스가 아퀴나스를 통해서 인간의 주체를 새롭게 설정함으로써 진보적인 기독교의 가능성을 제시한다. 자신이 직접 개진하든, 타인에게 영감을 주든, 아리스토텔레스는 항상 현실을 깊숙하게 천착함으로써 심오한 통찰과 넓은 사유의 지평을 확보하는데, 성취 가능한 진보는 심오한 이상보다 가능한 현실에 기반한다는 평범한 진실을 웅변한다.

'정글민주주의'시대, 정치 없는 정치를 넘어 새 정치는 가능할까

1990년 1월 22일 대한민국 제13대 대통령이자 민주정의당 총재인 노태우, 통일민주당 총재 김영삼, 신민주공화당 총재 김종필 3인의 3당 합당에 관한 공동발표문이 나왔다. 이들은 "4당으로 갈라진 현재의 구조로는 나라 안팎의 도전을 효율적으로 헤쳐 나라의 앞날을 개척할 수 없다"라며 "자유와 민주의 이념을 함께 나누며 정책 노선을 같이하는 정치세력이 뭉쳐 정책 중심의 정당정치를 실천해 당파적 이해로 분열·대결하는 정치에 종지부를 찍겠다"라고 선언했다. 최장집은 "'3당 통합'이 정서와 사회경제적 논리, 양자 모두에 의한 동맹이다. 구체제의 집권 여당인 민정당과 김영삼 지도하의 민주당 동맹은, 정서적으로 경상남북도의 자연스러운 결합을 의미한다. 또한, 사회경제적 이해관계의 측면에서 볼 때 구체제의 보수세력과 민주당으로 대변되는 보수적 성향의 민주화세력은, 민주개혁의 내용과 방향에서 다른 대안보다 더 가까웠다"라고 분석했다('변형주의'와 한국의 민주주의, 〈사회비평〉, 제13호(1995)).

대선 결과를 보면 호랑이를 잡으러 호랑이굴에 들어가겠다던 김영삼의 내기가 성공했다고 볼 수 있으나 호랑이가 무엇인지는 논란이다. 하나회를 척결하고 금융실명제를 시행하는 등 분명 성과가 있었으나 김영삼 정권 말에 국가 부도라는 미증유의 사태를 겪은 건 뼈아픈 오점이다.

역사의 진행이라는 큰 시야에서 보면 권위주의 정권이 소위 민주주의 정권으로 이행할 때는 권위주의 정권이 급격하고 완벽하게 몰락해 정치적 아노미를 초래하거나, 권위주의 정권이 적대 진영의 일부를 포섭해서 질서 있게 퇴각하기도 하는데, 한국은 1987년 민주화운동 이후 후자의 경로를 걸었다. 박정희 군사독재정권의 갑작스러운 몰락과 사회적 혼란 속에서 신군부의 등장과 전두환이란 새로운 군사독재정권(시즌 2?)의 출현, 국민의 저항과 직선제를 통한 군사독재정권의 '민주주의적' 재집권, 군사정권과 대항세력 간의 동맹에 이은 '회석된' 군사정권의 재창출, 실질적 의미의 민주적 정권교체라는 숨 가쁜 흐름 속에서 '문민정부'를 내세운 김영삼에게는 권위주의 체제에서 민주주의 체제로 가는 '연착륙의 조율'이라는 역사적 임무가 맡겨졌다고 볼 수 있고, 그는 적어도 이런 측면에서는 성공적으로 임무를 수행했다.

외환위기의 와중인 1997년 12월 18일 치러진 대통령 선거는 대선에 네 번째 출마한 김대중의 승리였다. 전국 평균 투표율은 80.6%였고, 김대중은 총 유효투표 2,564만 2,438표의 40.3%인 1,032만 6,275표를 얻어 한나라당 후보 이회창(993만 5,178표)을 39만 557표라는 근소한 차이로 이겼다. 국민신당 후보 이인제는 19.2%인 492만 5,591표를 얻었다.

대한민국 역사상 최초의 평화적·수평적 정권교체는 지난했고, 정재관언政財官言 4자 연합의 강력한 공격 속에서 얻어낸 결실이어서 의미가 각별했지만, 역경 가운데서 일군 힘겨운 승리이다 보니 한계 또한 뚜렷했다. 승리의 원인으로는 DJP연합이라는 지역주의 전략, 이회창 표를 갉아먹은 이인제의 상대적 선전, 집권 여당의 실정이 뚜렷하게 부각된 외환위기, 이회창과 불화한 김영삼의 내심의 김대중 지원 등을 들 수 있다.

내부적으로 이념(혹은 그 비슷한 것)의 상충을 빚은 DJP연합은 평화적·수평적 정권교체를 성사시켰지만, 동시에 지역주의의 공고화를 수반하였다. 노태우·김영삼·김종필의 3당 합당이 지역주의 관점에서 호남고립이라고 한다면, DJP연합은 호남고립의 안티테제여서 불가피했는지 모르지만 한국 정치에서 지역주의 프레임을 더 강화하는 꼴이 되었다.

그들의 서사, 우리의 서사

한국 정치에서 지역주의와 산업화·민주화 대립 구도란 두 개의 축은 굳건했다. 김종필이란 인물이 3당 합당과 DJP연합에 모두 끼어 있어 약간 혼란을 일으켰지만, 김종필의 탁월한 개인기의 장면이지, 본질적인 문제는 아니지 싶다. 김대중 이후 노무현, 이명박, 박근혜, 문재인까지 4명의 대통령은 모두 경상도 사람이다. 산업화의 원조이자 군사정권의 독재자 박정희와 그를 승계한 전두환, 노태우 그리고 호랑이굴에 들어간 김영삼까지, 김대중 이전 4명의 대통령 또한 모두 경상도 사람이었다.

산업화·경상도를 기반으로 한 국민의힘(과 그 전신)에서 경상도 출신 대통령이 나온 것은 지역주의 관점에서는 그럴 수도 있겠다 싶다. 한데 민주화·전라도를 기반으로 한 더불어민주당에서도 경상도 출신 대통령이 나온 것은 어떻게 받아들여야 할까. 거의 농담에 해당하는 얘기겠지만, 그것도 지역주의의 타파라고 해야 할까. 정치학자들이 대체로 동의하듯 그렇지는 않다. 전라도 출신의 민주당 대통령 후보로는 경상도 표를 얻어내지 못하기 때문에 경상도 후보를 내세우는 게 승리전략이라는 게 제20대 대선 전까지 통념이었다. 실제로 김대중은 김종필 제휴와 이인제 변수가 있어 집권에 간신히 성공했고, 호남인인 정동영 후보는 대선에서 완패했다. 민주당 대통령 후보를 경상도 출신으로 세워야 한다는 이른바 선거공학은 마찬가지로 확고하게 지역주의에 기반했다.

제20대 대선은 여러모로 달라졌다. 일단 표면상 경상도 색이 옅어졌다. 국민의힘 후보 윤석열은 서울 출생이고 굳이 부친까지 따지면 충청도 출신이다. 더불어민주당 후보 이재명은 경북 안동 출생이긴 하지만 경기도 성남에서 성장했고 경기도지사를 지냈다. 민주당 후보가 경상도 출신인 것은 동일하지만, 지역 기반이 확고한 노무현과 문재인에 비할 바는 아니다.

그렇다면 소위 지역주의가 후퇴했으니 한국 정치가 발전한 것인가. 아무도 동의하지 않을 것이다. 일단 이재명이나 윤석열이나 두 당의 주류가 아니었다. 이재명은, 박정희에 맞서 싸운 민주화 세력 및 현재 586으로 불리는 그 이후의 학생운동 진영과는 거리가 있다. 성남을 기반으로 한 특정 정치집단의 후원 소문이 도는, 한마디로 '스트리트 파이터' 정치인이다. 윤석열은 더하다. 사실 대선 레이스 직전까지 검사였던 윤석열이 대통령 후보로 나오거나 대통령이 되는 건 기본적으로 난센스다. 그는 국민의힘 소속 대통령을 구속한 검사였다가 그 당 대통령 후보가 됐다. 윤석열이 국민의힘으로 간 것은, 그 당에 단지 마땅한 대통령 후보가 없었기 때문으로, 그가 말했듯 여건이 더 좋았다면 얼마든지 민주당으로 갈 수도 있었다.

역대 최악의 대선이었다고 한다. 미국에서 도널드 트
럼프가 대통령에 당선될 때 세계가 경악했지만 그래도 상
대가 힐러리 클린턴이었다. 이재명은 전투력은 모르겠으
나 흠결 측면에서는 그 이전의 어떤 민주당 후보도 압도할
만큼 강력했다. 김대중, 노무현, 문재인과 이재명을 나란
히 놓으면 이 정도 후보밖에 키우지 못한 민주당에 경악하
게 된다(후보가 아닌 대통령으로서 노무현과 문재인에 대한 평가
는 논외로 하자). 민주당은 윤석열을 키워내고 이재명을 걸
러내지 못한 정당이며, 국민의힘은 아예 자체 역량으로 경
쟁력 있는 후보를 내세우지 못한 불모 정당이다.

선거 판세가 좋지 않은 막판에 이재명은 안철수 국민
의당 후보를 비롯한 소위 제3지대 야권 대선 후보들을 향
해 통합정부와 정치개혁을 내세우며 연대를 제안했다. 여
야를 모두 떠다니는 안철수는 이번 대선에서 한국 정치의
최대 '웃픈' 현상이었다. 최종적으로 윤석열과 단일화한 안
철수에게 민주당은 단일화든 연대든 모두 가능하다며 거
의 막판까지 러브콜을 보냈다. 이 당 후보든 저 당 후보든
대통령만 되면 되는 윤석열, 이 당과 단일화 논의가 가능

하다가 선거 판세에 따라 저 당과도 단일화 논의가 가능한 (그러다가 국민의힘으로 들어간) 안철수, 선거운동이 진행됨에 따라 어떻게든 이기겠다는 집념과 헝그리 정신 말고는 아무런 변별력을 보여주지 못한 이재명, 몇 가지 차별화된 공약을 내세우긴 했지만 국가혁명당 허경영 후보에게도 밀린 정의당 심상정. 이번 대선에서 뚜렷하게 부각된 가장 큰 특징은 기존 정당의 몰락이다. 반대로 양당 체제의 공고화라는 분석도 가능하다. 정당정치는 몰락했지만, 정당은 온존했다. 그러나 제20대 대선 대통령 후보의 면면을 볼 때 선거에서 과거보다 더 큰 존재감을 자랑한 정당에서 정치가 작동했는지는 매우 회의적이다. 승부만 있었고, 정치는 없었다.

지역주의에 기반한 산업화·민주화 양대 진영의 정치세력화는 대체로 '1987년 체제' 이후 유지됐는데, 이번 대선에선 이 구분법이 사라지고 정치세력은 단지 이기기 위해 이합집산하는, 특정 인물을 앞세운 무리들로 대체되었다. 한마디로 정치의 실종이다. 정치에서 정치의 실종은, 한국 정당정치의 한계가 낳은 불가피한 현상이며, 대선 이후 '정치 없는 정치'는 새로운 정치가 등장할 때까지 계속될 전망이다. 문제는, 날이 바뀌어 해가 뜨듯 소위 새로운 정치가 자동으로 등장하는 것이 아니며, 이른바 구 정치라는 게 날이 바뀌자 달이 저물 듯 스스로 구태를 인정하고 저절로 사라지지 않는 데서 발견된다.

"자유와 민주의 이념을 함께 나누며 정책 노선을 같이 하는 정치세력이 뭉쳐 정책 중심의 정당정치를 실천해 당파적 이해로 분열·대결하는 정치에 종지부를 찍겠다"라며 1990년 1월 3당이 합당할 때엔 허울뿐이라 해도 소위 명분이란 것이 있었지만, 이젠 한국 정당정치에서 명분조차 사라지고, 이기는 것 말고는 정치는커녕 아무런 규칙이 없다. 한 마디로 '정글민주주의'의 전면적 도래다. "당파적 이해로 분열·대결하는 정치"인 '정글민주주의'에서 가능한 유일한 정치기능은 포퓰리즘일 따름이다. '당파'라는 표현조차 쓰기 힘들고 '무리' 정도가 적절하다.

선거를 거치며, 또 선거 이후에 정치혐오와 민주주의 무용론이 득세하며 '정치 없는 정치' 가운데 양당은 재편의 소용돌이로 휩쓸려 들어갈 것이고, 존재감을 상실한 정의당은 생존 자체를 고민해야 할 것이다. 이재명과 송영길의 동반 출마와 선거 패배란 참담한 결과를 마주한 더불어민주당이 상대적으로 더 큰 격랑에 휩싸이리라는 건 불문가지다. 경기도지사를 지킨 것을 위안으로 삼는 모습이지만, 김동연이란 인물이 언제부터 정치인이었으며 언제부터 민주당 정치인이었나를 냉정하게 곱씹어보아야 하지 않을까.

이번 대선에서 극명하게 표현된 '정글민주주의'는 정치혐오를 더 부추길 테지만, 사실 '정글민주주의'가 정치혐오의 결과물이기도 하다.

《민주주의는 왜 증오의 대상인가》라는 책으로 유명한 자크 랑시에르는 민주주의에 대한 증오가 새로운 것이 아니라고 말한다. 민주주의 증오자들에게는 민주주의가 지나치며, 올바른 민주주의 통치란 민주적 삶의 고유한 특성인 집단적 행동의 지나침과, 참여 부재로 대표되는 과도한 정치적 무관심이라는 이중의 과잉을 제어할 수 있는 정치형태여야 한다. 즉 이들은 대중과 그들의 품행에 불만을 품고 정치 엘리트의 '정치' 행위를 수동적으로 승인하는 수준의 대중'정치'를 요청한다. 이러한 구도에서 정치 엘리트집단의 '정치'는 본질상 '정글민주주의'로 진화할 수밖에 없으며, 시민 혹은 대중 사이에 정치혐오의 기운을 만연케 하고 그들을 싸움의 구경꾼이자 이익 없는 투전꾼으로 전락시킨다. '1987년 체제' 정당정치의 결과물을 우리는 이러한 형태로 제20대 대통령선거에서 보았다.

이재명과 경쟁한 민주당 대선 후보 이낙연의 측근이자 이낙연이 국무총리를 지낼 때 비서실장을 한 정운현이 대선이 얼마 남지 않은 2022년 2월 21일 돌연 윤석열 지지를 선언한 것은 '정글민주주의'의 상징적 풍경이다. "혹자가 말했듯이 저는 예측 불가능한 '괴물 대통령'보다는 차라리 '식물 대통령'을 선택하기로 했다"라는 지지의 변은 정치 몰락의 직유다. 이제 우리 정치에서 은유마저 증발했다.

대선 이후 정치지형은 급변할 것이다. 집권에 성공한 윤석열이 '칼바람'을 일으키며 기존 정치세력에 어느 정도의 타격을 입힐까가 여의도 언저리의 최대 관심사인 것으로 전해진다. 정책선거가 아니고 '무리'선거이다 보니, 유권자인 국민 또한 주로 싸움에 관심을 기울인다. 박정희가 쿠데타를 일으켰을 때 부패세력 척결 등의 이유로 처음에 지지를 받은 것처럼 '칼정치'가 어떤 국민에겐 시원한 느낌을 줄지도 모르겠다.

분명한 사실은, 민을 주축으로 한 정치의 복원 없이는 어떠한 정치도 '정글민주주의'의 연장과 심화일 뿐이라는 것이다. 기후위기, 양극화 해소, 새로운 성장동력 개발과 같은 국가적 의제를 중심으로 민주주의와 정치가 복원돼야 할 텐데, 누가 주체가 되어야 하는지는 자명하지만 저들은 너무 강고하고 갈 길은 멀기만 하다. 또한, 우리는 2022년 3월 9일 저들 중에서 대통령을 뽑아야만 했다. 대통령이 국가의 전부가 아니지만, 저간의 대선 풍경은 정치 부재와 민주주의 실종의, 날것의 직유다. '여는 글'에서 밝힌 대로 윤석열은 '공간의 정치'를 시작으로 그의 소위 정치를 펼쳐나갈 텐데, 정운현이 자기합리화를 위해 별생각 없이 내뱉은 '식물정치'를 선택하는 게 나빠 보이지 않는다. 자신의 공간에서 직유가 아닌 은유로서 '식물정치'를 해낼 수 있다면 적잖은 우려에도 불구하고 윤석열은 성공한 대통령이 될 수 있다고 믿는다.

빈 '괴물'의 자리는? 응당 민이 그 자리를 차지하는 게 '정글민주주의'를 극복할 유일한 방도겠지만, 사태의 심각성은 '괴물'이 우연찮게 그 자리에 앉은 게 아니라 그 자리가 '괴물'만이 앉을 수 있는 '괴물 지정석'처럼 돼 버렸다는 데 있다.

해답은 언제나 있었고 늘 자명했다. 민주주의는 민이 지켜야 하고, 만일 민주주의가 훼손됐다면 민이 복구해야 한다. 민은 영웅이 아니지만, 민이 영웅적이지 않을 때 영웅을 가장한 괴물이 민을 조롱하곤 했다. 그들의 서사가 아니라 우리의 서사를 모색할 때다.